FBI
沟通术

美国联邦警察的超级人际沟通策略

金圣荣◎编著

揭秘FBI高效率的人际沟通秘诀，小成本、适用、快捷的沟通技巧，最大限度消除人际交流障碍！

哈尔滨出版社
HARBIN PUBLISHING HOUSE

图书在版编目(CIP)数据

FBI沟通术：美国联邦警察的超级人际沟通策略 / 金圣荣编著. —哈尔滨：哈尔滨出版社，2012.1（2023.5重印）
ISBN 978-7-5484-0804-8

I. ①F… II. ①金… III. ①人际关系学—通俗读物 IV. ①C912.1-49

中国版本图书馆 CIP 数据核字（2011）第238929号

书　　名：	FBI沟通术：美国联邦警察的超级人际沟通策略
	FBI GOUTONG SHU: MEIGUO LIANBANG JINGCHA DE CHAOJI RENJI GOUTONG CELUE
作　　者：	金圣荣　编著
责任编辑：	李维娜　尉晓敏
版式设计：	张文艺
封面设计：	朝圣设计
出版发行：	哈尔滨出版社（Harbin Publishing House）
社　　址：	哈尔滨市香坊区泰山路82-9号　邮编：150090
经　　销：	全国新华书店
印　　刷：	天津市新科印刷有限公司
网　　址：	www.hrbcbs.com
E-mail：	hrbcbs@yeah.net
编辑版权热线：(0451)87900271　87900272
销售热线：(0451)87900202　87900203
开　　本：	710mm×1000mm　1/16　印张：15.25　字数：193千字
版　　次：	2012年1月第1版
印　　次：	2023年5月第2次印刷
书　　号：	ISBN 978-7-5484-0804-8
定　　价：	49.80元

凡购本社图书发现印装错误，请与本社印制部联系调换。服务热线：(0451)87900279

前言
PREFACE

长时间的经验积累，使得FBI内部形成了一种非常成熟的沟通体系。不少顽固分子、亡命之徒都在FBI专家的指引下低头认罪。可以说，在很多时候，FBI都完全有能力通过一次专业的交流，摒除武力，从而达到自己的目的。

当然，美国警察的交流技巧也不是与生俱来的，他们需要通过各种培训以及指导才能取得成功。这些技巧从一定意义上说就是美国警察"看不见的手枪"，当他们和犯罪分子、顽固派对峙的时候，这些无形的枪炮就可以起到决定性的作用。

FBI最常用的沟通技巧就是非语言沟通，这种无声的交流可以在很大程度上起到掩护任务执行者的作用，但是这种沟通对于交流双方的要求比较高，也容易造成失误。所以，在FBI主动攻击的时候，非语言沟通的运用还是比较少的，它更多的是运用在审讯犯人、解读嫌疑人的内心世界上，而且，在追求稳妥的情况下，FBI还是更倾向于传统的有声交流。

在沟通方向这一层面上，FBI也有自己专业的理解。如果需要和对方产生互动，那么大家就使用"双向沟通"，这样的交流可以使FBI更好地了解谈话对象的心理变化。但是有时候，这种带有互动色彩的"双向沟通"并不是非常必要的，FBI也可以使用单方主导的"单向沟通"。上下、平行沟通也属于沟通方向的范畴，在同别人打交道的时候，FBI也需要不停地改变自己的姿态，这样才能更好地攻击对方的心理防线，或者不触碰别人的"心理雷区"。

可以说，FBI掌握了非常全面、完整的沟通知识。在他们看来，与别人交流已经形成了一种非常简单的知识体系。何时选择书面沟通、何时采取口头沟通，都有现成的案例。前FBI资深探员罗伯特·K.雷斯勒曾说："由于同外界的大量交流，我们形成了一个完整的沟通体系。很多时候，在面对一个不肯开口的犯人时，我们只需要查找一下卷宗就可以找到相关的解决通道。这虽然不是百分之百的有用，但是事实证明，这个体系给了我们很大帮助。"

随着时间的发展，FBI对于沟通技巧的研究，已经触及到生活的方方面面。FBI特工不光利用计算机来存储档案、查找信息，他们还在研究关于网络沟通的技巧性和优越性。目前，已经有25%的网络黑客受到了FBI的控制，成了FBI的网上间谍。

可以断言，美国警察对于沟通技巧的探索还将继续下去，正如雷斯勒所说的那样："他们已经很优秀了，但是还远远不够。"美国CIA曾经作过关于心灵控制的研究，这一点在当时远远超出了人力所能控制的范围，以至于后来，这个计划变成了和巫术差不多的研究。FBI虽然没有打过"用意识操纵物质实体"的主意，但是一旦找到了这个计划的可行之处，相信他们还是会行动的，因为这种沟通是具有颠覆性的。

本书使用七个章节，深度解析FBI特工对于沟通术的高超理解和运用。当我们认识到美国警察是如何同别人打交道、看穿对方内心世界的时候，我们自己其实也可以从中汲取到不少有用的信息。当然，健康的沟通应当是双方的，而在现实生活中，有很多人很少或者不善于表达，从而导致他们成为孤家寡人，被社会排斥在外。事实上，本书写作的根本意图也在于此，真心希望每一位读过此书的人能够从中得到有用的信息，然后将之运用到自己的日常生活当中。最后，衷心地祝愿每一位读者都能够成为一个善于沟通、备受瞩目的快乐因子，从而尽情地享受生活！

目录
CONTENTS

第一章 语言沟通与非语言沟通——
看FBI如何与对方进行"思考性沟通"

1. FBI的语言沟通技巧 …………………………………… 002
2. FBI都在使用哪些语言与罪犯沟通 …………………… 006
3. FBI独特的非语言沟通的方式 ………………………… 010
4. FBI的沟通秘诀：行为比语言更重要 ………………… 015
5. FBI与众不同的沟通方式："观色"多于"察言" …… 020
6. 即使FBI进行语言沟通也会温和婉转 ………………… 024
7. 记住：摆脱困境，全凭说话智慧 ……………………… 028
8. 沟通，从倾听刺耳的语言开始 ………………………… 032
9. 非语言沟通是传递信号的重要渠道 …………………… 036

第二章 单向沟通和双向沟通——
FBI如何从两个方向成功说服他人

1. FBI实战中不可或缺的沟通方式——单向沟通 ……… 040
2. FBI沟通的取胜法宝——双向沟通 …………………… 043
3. FBI单向沟通和双向沟通的有机结合 ………………… 047
4. 双向沟通的缩影——FBI如何运用协商式沟通 ……… 051
5. FBI如何进行互动式沟通 ……………………………… 055

6. 记住：是沟通而并非强制 ………………………………………… 058
7. FBI沟通中的换位思考 ……………………………………………… 062
8. FBI从"单向直线式沟通"到"双向互动式沟通"的转变 ……… 065
9. FBI成功沟通的"四板斧" …………………………………………… 069
10. FBI如何相互沟通抓捕罪犯 ………………………………………… 072

第三章 上行、下行与平行沟通——
站的高度不一样，沟通的效果就不一样

1. 上行沟通——FBI如何向总统汇报工作 …………………………… 076
2. FBI上行沟通的语言技巧 …………………………………………… 080
3. 让上级领导改变主意的沟通技巧 …………………………………… 083
4. 平行沟通——建立在相互尊重、团结互助基础之上的同事沟通 … 087
5. FBI平行沟通的实用技巧 …………………………………………… 092
6. FBI与CIA之间的平行沟通 ………………………………………… 096
7. 下行沟通——像FBI局长一样将信息传递给下属 ……………… 100
8. 下行沟通：恩威并用的沟通方式 …………………………………… 104
9. 批评下属——到位且不伤人的沟通技巧 …………………………… 108

第四章 反应性相依沟通与彼此相依性沟通——
像FBI一样学会使用更专业的沟通技术

1. 巴克的相依理论 ……………………………………………………… 114
2. 相依理论在FBI身上的运用 ………………………………………… 119
3. 像FBI一样看清人际沟通的"四堵墙" …………………………… 123
4. 帮助对方脱下铠甲才是正确的反应性相依沟通 …………………… 127

5．通过"非对称性相依沟通"来提升美国总统候选人的支持率 …… 133

6．FBI与原则相冲突时的处理原则 ……………………… 137

7．FBI的沟通管理也是一个知识体系 …………………… 141

第五章　正式沟通与非正式沟通——
FBI的秘密：注意沟通的场合很重要

1．正式沟通的形态 ………………………………………… 148

2．FBI教你在不同场合下的正式沟通术 ………………… 153

3．非正式沟通的魅力 ……………………………………… 157

4．非正式沟通是促成成功的润滑剂 ……………………… 161

5．FBI教你非正式沟通的技巧 …………………………… 165

6．充分利用非正式沟通的契机 …………………………… 169

7．正式与非正式绩效沟通的方法 ………………………… 173

8．最常用的非正式沟通：聊天 …………………………… 178

第六章　口头沟通与书面沟通——
FBI认为最原始的就是最高效的

1．FBI的口头沟通与书面沟通 …………………………… 184

2．FBI最惯用的书面谈判 ………………………………… 188

3．FBI书面沟通的技巧：没有记录就等于没有沟通 …… 192

4．像FBI一样实现有效的口头沟通 ……………………… 197

5．FBI的口头沟通技巧 …………………………………… 202

6．掌握书面沟通技能 ……………………………………… 206

第七章　网络性沟通与虚拟性沟通——
　　　　当面不好说的可以换个沟通媒介

1. 最让人纠结的网络沟通 …………………………………… 210
2. 网络通讯带来的即时沟通 ………………………………… 214
3. FBI邮件沟通的常用技巧 ………………………………… 217
4. 在IT项目中存在的沟通误区 ……………………………… 222
5. 网络沟通划时代：手机网络电话 ………………………… 225
6. FBI如何让虚拟世界更安全 ……………………………… 227

参考书目 ……………………………………………………… 230

第一章

语言沟通与非语言沟通——
看FBI如何与对方进行"思考性沟通"

　　FBI特工有着一套非常切实可行的沟通技巧，他们可以从各个角度揣摩、推测一个人的心理活动。按照业内的专业区分方法，沟通可以划分为语言沟通和非语言沟通，普通人之间的交流大多数都是以语言为基础的，而FBI特工之间的交流则包含着很多非语言的因素。据统计，FBI在执行任务的时候，通过语言传递的信息在总信息量当中只占30%左右。也就是说，通过使用那些巧妙的身体语言、形体暗示，FBI可以进行非常有效的交流。而且通过长时间的实践，美国警察的非语言沟通已经达到了一种非常完善且全能的地步。

　　当然，我们也不能否定语言沟通的作用，直接的语言对话可以在很大程度上降低双方的误会并能在关键时刻控制失误率。

FBI的语言沟通技巧

与人沟通要讲究方法和技巧,好的言辞可以使我们事半功倍,省时又省力,而如果沟通作不好,将会切断个体与外界之间的联系,从而产生各种误解。FBI探员在语言沟通上就掌握了丰富的技巧,因为早在这些探员还没有被正式录用之前,他们就已经接受了严格的训练以保证他们的工作效率。其中,这些语言沟通的技巧包括语速、措辞、语调等。

FBI需要面对的人群是非常广泛的,很多时候,他们都需要刻意改变自己的言语方式以达到自己想要的效果。比如,当他们追踪、调查在押嫌疑人的时候,就需要通过激烈、强硬的语言来攻击他们的心理防线;而当谈话对象变成普通百姓的时候,他们就需要减缓语速、平静地和对方交谈以挖掘出自己想要的信息。

1983年9月的一天,FBI得到了一条消息:得克萨斯州的农场主乔尔·斯蒂文斯实际上是一个贩毒集团的代理人。斯蒂文斯表面上经营着自己的农场,暗地里却和毒贩子勾勾搭搭,而且他和很多流窜各个州府的毒枭关系都不错。

由于斯蒂文斯的罪行已经涉及整个联邦的范围,因此,FBI专门成立了行动小组赶往得克萨斯州抓捕斯蒂文斯。一切都很顺利，警察抓获了包括斯蒂文斯的儿子盖伊在内的11人，但是却没有找到斯蒂文斯本人。就在大家惋惜"没有抓住主犯"的时候，斯蒂文斯却开着自己的老爷车向自己家中驶来。

当时守在外面的FBI探员叫做卢克·图布鲁斯，他已经52岁了。此时，斯蒂文斯向他走来，而其他人却在忙着取证，都没有注意到门外走来了一个人。

可以说，斯蒂文斯是一个经验丰富的老手，他看见了自己屋外的警车，知道自己如果想要逃跑的话就一定会被击毙。于是他大胆地走了过来，因为他认为警察没有证据是不能把他怎么样的。

于是，斯蒂文斯扛着自己的猎枪走了过来，一步步地靠近图布鲁斯，跟他打招呼说："哥们儿，这是怎么回事？"斯蒂文斯长着一副标准的农户身材，肌肉发达且面相粗犷。图布鲁斯也显得气定神闲。

"有人举报这里有毒品交易，警察过来取证。"

"那么你是干什么的？"

"FBI资深探员，我想你应该听说过我的名字，卢克·图布鲁斯。"

斯蒂文斯没再说话，而是朝屋里看了一眼，然后说："你知道我是谁吗？我想要一枪干掉你，你觉得别人会怎么想？他们会说，卢克·图布鲁斯是个没用的废物？"

图布鲁斯缓缓地说："很多人都这样说过，撂倒我？算了吧，伙计！"图布鲁斯朝对方看了一眼，继续说道："我还想回家去看看自己的孩子呢。"

斯蒂文斯拍了拍枪，没有动。他琢磨了一会儿，又问："那么我现在放下枪，算是自首吗？"

"没问题，农夫是不会伤害磕坏牙的小熊的。"

斯蒂文斯稍稍迟疑了一下，扔掉了猎枪，向图布鲁斯投降了。

看起来，图布鲁斯的工作进行得很顺利——一个凶神恶煞的罪犯，就这样束手就擒了。但实际上，如果不是图布鲁斯高超的语言技巧，他很有可能会被对方一枪打死。

对此，FBI告诉我们：与人沟通的时候，一定要注意对象。斯蒂文斯是一个凶残的毒贩，当他发现自己的老窝被端之时，还敢靠近事发地点并与警察搭讪，这本身就说明他是一个胆大、熟练的惯犯。在和这种人交流的时候，一定要注意不要被对方的气势压倒，同时还不能激怒对方。可以说，在对付斯蒂文斯的时候，图布鲁斯用了以下几种技巧：

(1) 坚定的语气与措辞

当对方试探性地提出问题时，图布鲁斯显得非常镇定，面对犯罪分子，他毫不掩饰地告诉对方，这里被警方控制了。而仅仅这一句话还不足以将斯蒂文斯的气焰打消掉，为了压低对方的气焰，他还在自己的FBI身份前面加上了"资深"两个字，顺利地将自己年龄上的劣势转化成了经验上的优势。一句"你应该听说过的名号"，更是为自己披上了神秘的外衣，这种故弄玄虚的说辞更是使蒂文斯投鼠忌器，不敢轻举妄动。并且，图布鲁斯的回答自始至终都很简洁清晰，这更让人觉得对方不是一个简单的FBI探员。

值得注意的是，按照心理学家乔·本森特的观点，如果一个人将语气词"嗯"、"啊"、"哦"等加入自己的谈话中，这就表明，他实际上是犹豫的，是不够自信的。而图布鲁斯在整个交谈过程中没有使用一个语气词，这就充分显示出了他的自信。

(2) 有选择地使用词汇

当斯蒂文斯提出一枪撂倒图布鲁斯时，即在一定程度上可以说成是"最后的反抗"，他已经完全被对方散发出来的气势所压倒了，这最后一击是最凶狠的，同时也是最无奈的。然而，图布鲁斯的回答很令人深思，他提到了"孩子"这个字眼。实际上，当斯蒂文斯威胁他的时候，他也在警告对方："你的儿子还在警方手中呢！"

最为巧妙的是，在说"孩子"这个字眼的时候，图布鲁斯选择性地使用了"Gay"，而不是"Boy"或者"Children"。这其中的关键就在于，斯蒂文斯的儿子盖伊的英文名字就是"Gay"。图布鲁斯在关键时刻说出了"Gay"，其实这也是从心理上打击对方的一个手段。

(3)适当的幽默

图布鲁斯最后的那个关于"磕坏牙的小熊"的比喻，实际上是一种通过调侃来安慰、鼓励对方的做法。FBI认为，当一个人强势的时候，他主动同别人开玩笑，是一种放低身份、赞美、鼓励对方的表现。所以，当斯蒂文斯最后表示愿意投案自首的时候，图布鲁斯跟他开了一个小小的玩笑，既化解了对方的疑虑，又从一定程度上降低了罪犯的攻击性，最终全身而退，可谓高明。

因此，FBI认为，在和别人进行语言沟通的时候，语速、语气是表现一个人内心自信程度的关键。如果一个人说话时言辞闪烁、惴惴不安，那么这个人的心理素质就比较差。在面对一些飞扬跋扈的谈话者时，FBI更多采取的是稍含命令式的语气进行交涉，因为只有这样，才能保证对方不会耍滑头甚至拒绝交涉。

另外，在FBI眼中，措辞选择也是一门大学问，很多时候，一个不经意的字眼，就会在听者心中掀起大波澜。丰富的词汇不光是展示一个人语言基本功的手段，某些时候，它们是可以对事物产生决定性影响的。

2
FBI都在使用哪些语言与罪犯沟通

在和犯罪分子进行交流的时候，美国警察也有自己独特的方式。但是不管这些方法怎么变，FBI都一直坚持这样一个原则：当犯罪分子强势的时候，就打击他；当他弱势的时候，就引导他。这也是FBI心理学家非常推崇的一个套路，说起来比较简单，但是实际操作起来，就有很大难度了。

"打击强势犯罪分子，引导弱势犯罪分子"，实际上就是FBI将对方完全控制在自己手中的一种手段。试想一下，当一个遭到拘捕的嫌疑人咄咄逼人、傲慢地拒绝所有提问的时候，他其实只是处于一种"半拘捕"状态。虽然这个人的身体遭到了控制，但是他的精神实体并没有被扣押，如果想要从他那里得到有价值的信息，那就需要从根本上打击对方，击垮对方桀骜不驯的内心世界。

著名的FBI探员罗伯特·K.雷斯勒在探访变态杀人魔理查德·蔡司时，就曾遇到过这样的情况。和所有的变态杀人犯一样，蔡司在被捕之后也是鬼话连篇，根本不配合警察的询问，IQ测试显示他是一个普通人，但是他依然将身边的警察哄得团团转，并且得意地享受着一种莫名的成就感。在进入监狱之后一年多的时间里，警察很少能够从

第一章
语言沟通与非语言沟通——
看FBI如何与对方进行"思考性沟通"

他身上得到有价值的信息，倒是大量的虚假信息、垃圾情报让他们吃尽了苦头。为了改变这一现状，警方请来了雷斯勒——一位学院派FBI心理分析专家。

当雷斯勒来到囚室的时候，蔡司同样很不配合。当访谈进行到一半的时候，蔡司突然向四周诡异地环视了一番，然后转过头来对雷斯勒说："嘿，我的额头上有一颗星星，你看见了吗？"

雷斯勒知道这又是蔡司在故弄玄虚、装神弄鬼。他知道，正是一些懦弱的警探，一味迁就、迎合蔡司，才造成对方眼前这种极不负责、胡说八道的习惯。雷斯勒头也没有抬，冷冷地打断了正吹得天花乱坠、口沫飞溅的蔡司："很抱歉，这里太暗了，我什么都看不清楚。"

正在兴头上的蔡司呆住了，他的上半身尴尬地向前伸着，嘴巴咧得很大却什么也说不出来了。他悻悻地往后一躺，耸耸肩，说道："好吧，聊点别的。"

这一次访谈很成功，被驳倒之后的蔡司不再刁难对方而是完美地配合了雷斯勒的采访。雷斯勒也为自己开了一个好头，在此之后，他还成功采访了泰德·邦迪、查尔斯·曼森等一大批臭名昭著的恶魔。

对于蔡司，雷斯勒没有继续沿着对方的思路往下说。因为在FBI看来，对于那些狡猾的惯犯，是需要采取强硬的措施来打击他们的，如果只是一味地顺应，就只能使他们变得更加嚣张。在他的自传中，他这样说道："当时我也可以说，'是呀，真的很漂亮'，但是这样做只会让他把我看成一个愚昧无知的傻瓜。所以，我借用了灯光暗淡这个条件，顺利地将问题挡了回去。而当他知道我的厉害之后，也就显得配合多了。"

很多时候，FBI在对待自己的犯人时都会采取这种做法。虽然有时候，这些"强硬语言"看上去并不具备攻击性，但是放到特定的条件之下，它们就会催生出极大的压迫力来，从而在心理上给对方造成强大的压力，进而掌握交流的主动权。

比起态度顽劣的犯罪分子，一些性格懦弱、不善言谈的犯罪分子就好处理多了。这个时候美国警察和犯罪分子的交流，大多数是要顺应对方心理的。雷斯勒认为，大部分犯罪分子在作案之后都会产生很强的自责心理，这种挥之不去的责难让他们身心俱疲，想要让他们开口容易，但是如果想要让他们真正打开心扉，那就需要持续不断的鼓励。而此时，"软语言"就成了非常有效的交流方式。

"软语言"并不像简单地说"好话"、"软话"那么简单，就像"强硬语言"有时候也不会显得星火四溅一样，它主要包括一些语速、声调以及可信度等。

通常，"软语言"的语速是比较慢的，而排炮式的发问、谈话会使人压力倍增，如果嫌疑人本身就是一个自保意识非常强的人，那么他就会关上自己的大门，隔断同外界之间的联系。所以，在谈话过程中，循循善诱的交流方式更加合理。1972年，在拉斯维加斯发生了一起谋杀案，嫌疑人是一名中学教师，他的名字叫做伍德伦·波尔。

其实警方已经在私下里认定，这名教师就是用小铁锤杀死了受害人，但是其中还有很多细节，需要对方一一说来。对此，警察并没有拍着桌子，大声呵斥波尔："你就是用一把铁锤杀死了同事！"而是拿出一大堆可能的作案工具，比如斧头、铁棍等，并将铁锤同这些工具放在了一起。

"伍德伦·波尔，你是用这把斧头伤害了自己的同事吗？"

"伍德伦·波尔，你是用这根铁棍伤害了自己的同事吗？"

这样的问话将波尔带回了那个不堪回首的凶案现场，此时，他的良心受到了巨大的谴责，身为受人尊敬、爱戴的教师，他竟然犯下了如此不可饶恕的罪行！当警察拿起那柄罪恶的铁锤准备提问的时候，波尔抬起头来，轻轻地说："是的，先生，就是用它。"

最终，波尔如实交代了自己的作案细节，由于良好的态度，他也在量刑上得到了减免。其实，波尔就属于弱势犯罪分子，他们本身对自己的罪行是非常痛恨的，而同时又非常悔恨、敏感，所以和他们沟通时，言辞上一定要和气，注重引导，更不能连珠炮式开火，因为这样只能使对方心理崩溃，继而拒绝交流。

在审讯的过程中，警方也一直采取"引导"的方法，他们没有强行将波尔的思绪带回犯罪现场，而是循循善诱、小心地敲打对方的心理防线。另外，与理查德·蔡司这样杀人不眨眼的魔头相比，波尔是一个真实的忏悔者，他对自己的行为异常悔恨。因此，在字眼选择上，警方也有意回避了"Kill"（杀死），转而用稍微平滑的"Heart"（伤害）来提问。这从一定程度上减轻了波尔的心理压力，让他更加冷静地面对自己的犯罪事实，从而更好地同警方配合。

当然，"强硬言语"和"软语言"都不是一成不变的法宝。更多的时候，FBI是将他们交叉使用的，而且这样做的效果往往出人意料，因为只有刚柔并济才能攻破犯罪分子的心理防线，从而完成任务。

3
FBI独特的非语言沟通的方式

"非语言沟通"是研究者们新引入的概念，但实际上，"非语言沟通"却是先于人类的"语言沟通"而存在的。人们在没有掌握"语言"这一个交流工具之前，就已经开始用自己的肢体、形态来表达自我感受了。FBI在"非语言沟通"上，用"登峰造极"来形容，也分毫不过。前FBI探员乔·纳瓦罗对非语言沟通有着深刻的认识，他退役之后当了棋牌教练，专门从一些旁枝末节来推敲一个人的真实想法。他认为，在人际交往过程中，非语言性交流的重要性甚至比语言性交流要大得多。如此，医护人员在工作的时候都要穿上白色的工作服，这实际上就是一种非语言性交流，他们在传达自己是安全、卫生的。其中，广义的非语言沟通包括肢体语言、形体距离、身体接触等。

纳瓦罗认为，肢体语言占据着非语言沟通的主体部分，在他担任FBI探员的25年里，他充分利用了这一点。20世纪80年代，纳瓦罗就曾接手过一起被人津津乐道的案子。简单说来，就是犯罪嫌疑人犯下了言行不一的错误：嫌疑人声称自己沿着道路向左一拐，直接回到了家中，但是他同时做出了一个向右拐的手势。道路右侧，正是案发现场，纳瓦罗立刻对这个滴水不漏的小伙子展开了凌厉的攻势，最终，他承认了自己的罪行。

在FBI看来，嫌疑人的肢体语言没有跟上他大脑思考的步伐，所以做出了南辕北辙的姿势。换句话说，当一个人的肢体语言同自己的言语产生背离的时候，他很有可能就在说谎。不光是纳瓦罗，其他FBI探员也都精于此道并且乐此不疲。通常情况下，FBI注重的肢体语言有以下几种：

（1）眼神

眼睛是心灵的窗口，人们都喜欢通过眼神来判断一个人是否在说谎。传统观点认为，敢于直视责难的眼神就可以证明一个人的清白无辜。但是经过FBI长时间的经验积累和研究，发现并不是所有的说谎者都会遮遮掩掩、目光游离。朴次茅斯大学的研究者们还发现，如果犯罪分子正在编织谎言的话，他会尽量使自己处于一个静止状态，包括眼皮眨动、瞳孔移动等。因此，他们得出的结论是，人们在说谎的时候，每分钟眨眼的次数将会降低5次左右。另外，FBI还沿用了生理学家的理论，他们认为，如果一个人在说话的时候眼珠偏向右上方，那么他很有可能就在撒谎。这些隐秘的交流技巧使美国警察受益匪浅，并且对他们侦破案件、调查取证起到了非常关键的作用。

此外，FBI同自己的伙伴以及线人之间也会有丰富的眼神交流。一名叫做拉希德·布鲁多斯的FBI特工就从朋友的眼神中觉察到了异样，从而顺利逃出了困境。

"当时杰里微笑着坐在凳子上，我装做无所事事的样子靠近了他，但我注意到，他的眼睛的眨动幅度与以往不同。如果说普通人眨眼只需要0.1秒的话，那么，他眨一次眼就需要0.5秒左右。我意识到了其中的危险，于是就漫不经心地转开了。后来我才知道，杰里已经被识破了。而在他的暗示之下，我才没有暴露自己。"

纳瓦罗也在他的书中提到了眼神的"隔断效应"，就是人们在看到让自己恐惧的事物时，会选择延长自己眼睛闭合的时间长度，而这一点是受大脑边缘系统控制的。从一定意义上来说，"隔断效应"更多的是一种自欺欺人，虽然它根本不能改变外界发生的一切，但这却是脱离了人控制之外的必然反应。

(2)面部表情

人在紧张的时候，其面部往往会发生一些可见性的变化，比如"脸红"、"肌肉抽搐"等。因此，FBI也非常注意对方的面部表情变化。一般来说，没有经过训练的人在外界发生变化的时候，会针对这些变化有一个相应的反应，而部分狡猾的犯罪分子则可以跳出这个框架，欺骗警察。因此，在和犯罪分子打交道的时候，FBI通常会掩饰自己的真实身份和动机，当对方降低了警觉之后，再暗中记录下这个人的表情变化。在1963年，FBI就成功指认了一名叫做马杜罗·赫兹的毒贩子。事情是这样的：FBI探员假装成一名过路人，谎称自己的车子需要加水，就这样和赫兹搭起了讪。当那名FBI探员提到"美国南部毒品交易泛滥、政府正在派出大批警力前往惩治"的时候，赫兹脸上突然一红一白的，人们知道，"毒品"和"警察"这些字眼让赫兹很不舒服，也正是这样的表现使赫兹暴露了自己，并将自己投入了大牢。

另外，FBI在同别人打交道的时候，还会从一个人的面部表情是否对称来评判这个人。FBI专家认为，人的大脑分为两个半球，左脑主控语言和逻辑，右脑主控图片处理。两边主管方向不同，反应速度也就会出现偏差，尤其是当一个人"言不由衷"的时候，他的面部表情就会很僵硬，比如，一个人在笑的时候，嘴角咧向一边，就说明他是装出来的，实际上他并没有接受到让自己开心的信息。

另外，眉毛、嘴唇都是FBI评判一个人内心世界的依据。纳瓦罗说："如果一个人抿着嘴唇，那么就代表他对眼下的事情持否定态度。眉毛同眼眶之间的距离同样也可以暴露一个人的内心，如果这个距离变大,那么这个人就是高兴的;如果缩小,就表示他心情失落、生气,甚至是愤怒。"

(3)手臂

在FBI看来,上肢动作可以传递出的信息大多是一种显性的,所以相对而言,要想从上肢动作去观察一个嫌疑人的一举一动还是比较困难的。更多的时候,FBI还是将注意力集中在较为隐秘的手指上。

FBI发现,如果一个人在双手插兜并将自己的大拇指外露时,那么这个人就是无比自信、感情外化的。相反,那些喜欢将自己的大拇指藏在裤子口袋而将其他四指外露的人,就会显得心事重重、不好交往。

另外,当一个人将自己的两只手叠成一个"搭帐篷"状态的时候,也表明这个人正处于一种强烈的自信状态之中。可以说,FBI在面对自己的同事和上下级的时候,是很注重这一点的。埃德加·胡佛是一个专权的领导,他从不喜欢看到下属们在自己面前做出这样一个张扬的手势来,因为他觉得那是对自己的一种挑战。

纳瓦罗认为,正常垂下手臂的人是放松的,而将双臂放在身前或者身后的人,都表示在对外传递着有一种"拒绝"意思的信息。当然,这其中的拒绝也是有区别的,相对而言,将手臂前置的人警觉性稍微高一点,比如说,那些双臂抱胸的人,很可能就处于矛盾的劣势一方,他通过拒绝别人来达到保护自己的目的;而将手臂背在身后的人则展示出了一种无所畏惧的挑战姿态:既不欢迎你,也不理睬你!

(4)脚部

FBI认为,一个人的脚部其实是最容易暴露他真实目标的地方。简单来说,脚部会将一个人脑海当中设计、玩味的下一个目标统统展示出来。FBI资深探员尼古拉斯·马奇就给我们讲述了他自己的一个经历。

"当时我从远处看见了自己的上级巴克斯特先生，他背对着我，正在和一个朋友谈话，我快步走过去，向巴克斯特先生问好，而后巴克斯特先生也笑眯眯地回过头来，向我打招呼。"

但是巴克斯特并没有挪动自己的腿脚，只是扭动了上半身来回应马奇，此时马奇知道，对方并不希望他介入这次谈话。

"如果他欢迎我的到来的话，他就会挪动双腿，将两个脚尖指向我，虽然他很友好地冲我微笑，但是我看见他的脚却死死地贴住地面，于是我知趣地走开了。"

确实如此，一个人的脚尖朝向最容易反映出这个人实际想要去的地方。因此，FBI在同其他人打交道的时候也会注意这个问题。

"如果谈话对象说自己不会走，但是他的脚却扭转了过去，指向门的方向，那么我就知道，他实际上已经不愿意继续交谈下去了。"

除了脚尖以外，大腿也是暴露一个人内心世界的重要点。在纳瓦罗看来，那些跷起二郎腿并且将自己的大腿高高叠起，横贯在对方面前的人，也表达出了拒绝交流的姿态。这种姿势就好像是给谈话双方树立起了一道无形的屏障，表示"我不想让你靠近我"。

可见，非语言沟通能够更多地反映出一个人的内心世界。当然，只有认真观察，才能真正明白其中的含义，从而作出正确的判断。

4
FBI的沟通秘诀：
行为比语言更重要

通常来说，语言的传递是超视距的，正所谓"眼见为实"，只有真正映入眼帘的事物才具备更高的可信度。而FBI也相信这一点，所以他们从来不单纯地相信语言，因为不管是从行为上还是从精神上来看那都是可以造假的。

按照沟通的种类来划分，行为属于"非语言沟通"。不管是同犯罪分子还是同普通百姓进行交流，"非语言沟通"的可信度都要大许多。其原因主要有以下几点：

(1)行为更加真实

如果有人说自己可以举起300千克的石头，估计很多人都会嘲笑他；假如这个人说完这句话后真的举起了石头，那么也就不会有人再怀疑他了。可见，在与人交流的时候，行为才是板上钉钉的硬道理。FBI经常需要和一些狡猾透顶的犯罪分子打交道，所以更注重实物上的证据，也就是行为。1985年，CIA特工爱德华·李·霍华德的叛逃就是一个活生生的例子。

当时美国警察已经注意到了霍华德蠢蠢欲动的迹象，于是派出了两名干练特工专门监视霍华德的一举一动。但是这两名特工并没有将任务执行得很彻底，他们没有看见霍华德的真身，只是隐隐约约隔着玻璃看见霍华德的轿车中坐着两个人——一个是霍华德的妻子玛丽，另一个实际上是伪装成霍华德本人的人体模具。后来，他们又监听到了一段霍华德打给朋友的电话，于是他们以为对方还在自己的掌控之下。但事实上，那通电话是玛丽拨打的——她放了一段提前录制好的磁带。

所以说，语言交流的"可伪装性"更高，人们操作起来也比较容易。但如果有人想要将一个动作也伪装起来，那么难度就比较大了。

（2）行为交流更有效

有时候，单纯的语言交流对谈话双方带来的影响和效果是微乎其微的。在现实生活中也是如此，如果想要一个员工努力工作，那么简单的语言鼓励肯定不如实实在在的"提升薪水"或者"提升职位"的效果好。因此，FBI教官们经常对那些尚在训练营中的新手们灌输这样一个道理："和胡佛握手并不是一件天大的难事，而难的是，在和他握手之后还能让他多看你一眼并拍拍你的肩膀。"

可以说，美国警察在同别人交流时也是非常注重这一点的，他们习惯于采取更加外化的方式来表达自己的情感，这样似乎更容易激起对方的热心。相对而言，东方人就显得含蓄了许多，所谓"君子动口不动手"，但只是单纯地鼓励几句，肯定不如一个简单的拍肩动作有效。也正是由于这种突出的效果，如今，对于西方的一些交流方式，在东方社会也随处可见了。

（3）使用行为交流的局限性较小

很多时候，美国警察都是和神经高度敏感的犯罪分子打交道，由于语言交流的超视距特质，所以会损害任务的秘密性。也就是说，在同一些犯罪分子斗智斗勇的时候，美国警察通常都是通过一些"非语言性交流"来互相沟通的。因为在瞬息万变的警匪对抗之中，一点点的风吹草动都有可能造成整个计划的流产，所以，在执行秘密任务时，几乎每个FBI探员都会得到安装了消音装置的武器。

马克·费尔特当时已经是FBI的二把手，可谓是权倾一时。但是在"水门事件"中，他依然小心翼翼，如果不是2005年他将真相公布出来，那个所谓的"深喉"就真的无从得知了。

费尔特为了和鲍勃·伍德沃德联系，采取了很多"行为"上的方式。他不能给对方打电话，因为这有可能会被录音；他也不可能直接大声告诉对方约会地点，或者是写一张字条通知对方。为此，他想了一个绝妙的方法，即如果想要和对方见面，费尔特就会在伍德沃德每天订阅的报纸的第20页上画一个圆圈，然后再在页下角画一只表盘，隐晦地注明约见时间。显然，这种纯粹的行为交流保证了两人的安全，当时，费尔特的代号是"深喉"，在后来的几十年时间里，人们都对这个神秘的"深喉"只闻其名不见其人。假如当时费尔特使用了电话或者是投递了纸条，那么他或许早就被人发现并暗杀了。

（4）行为交流附带暗示效果

与语言性交流不同的是，行为交流一般都比较隐晦。作为一种暗示，它可以避免一些不必要的摩擦。雷斯勒在开始自己职业生涯的头几次采访时就遇到过一些尴尬的情况。

有一次，在面对纽约杀人狂伯克威兹的时候，雷斯勒发现对方似乎有些烦躁。而当时伯克威兹正处于自信心极度膨胀的时期，因为媒体将他吹嘘成了一个技术娴熟、手段高明的杀人偶像，甚至给了他一个响亮的外号——"山姆之子"。可以说，在这段时间里，想要采访伯克威兹是一件比较容易的事，而且他也会很配合。

但是凭借自己敏锐的职业素养，雷斯勒认定，伯克威兹对于今天的访谈非常不喜欢。但是，为了和"记者朋友"、FBI心理分析师们打好关系，他还是耐心地守在桌前，生硬地接受访问。众所周知，伯克威兹实实在在算得上是一个杀人不眨眼的魔头，一旦将他激怒，后果会不堪设想。此刻，雷斯勒注意到，虽然伯克威兹的整个身子是坐正的，但是他的脚尖却指向门口，并且在有规律地左右摇摆着。

"有很多人认为，如果一个人把他的脚悬起来并前后踢动的话，那么就表示他的心情是愉快的。"雷斯勒试探性地说了一句。

此时，伯克威兹笑了起来并让自己的脚停止了摆动，但是脚尖依然朝向门口。于是雷斯勒终止了采访，按铃让狱警将伯克威兹送回了监狱。后来在另一次采访当中，雷斯勒才知道，自己其实冒了很大的风险——当时伯克威兹和狱友下了赌注，因此他急切想要回到狱友那里去，如果雷斯勒再这样拖延下去的话，他就会杀死这个文绉绉的FBI。但是在那次交锋当中，雷斯勒知趣地终止了采访，没有捅破的那层窗户纸反倒成了两人之间的友谊桥梁，自那以后，伯克威兹对雷斯勒的态度也更加友好了。

所以FBI认为，在与人交流的过程中，行为是占据主导地位的，它的实际效果要比语言交流来得更猛烈一些，相对而言也没有太大的局限性，并且更容易得到交流对象的信任。英国社会学家索斯盖特·鲍尔曾说过："人类最原始的交流方式是脱离了语言范畴的，这种最原始的功能将伴随所有人的一生，即从生命的开始直至死亡。"

显然鲍尔没有将一些人类通用的"语言"（比如愤怒、激动时候的大叫、示好时候的低声呼应等）划分到语言范畴中去，这种观点得到了一部分学者的赞同。在他们眼中，人类最为依赖的交流方式就是非语言性的，而那些语言性交流，看起来并不是人类社会不可或缺的。FBI对于鲍尔的观点虽然持保留态度，但是实际上，他们在工作中却非常注重这一点。当他们同别人进行交流、沟通的时候，没有哪个美国警察会轻易相信那些"听起来非常有道理的证据"。同样，他们也不会单纯地只从语言上与别人沟通，会办事、会做人的FBI总是能够顺利地使用肢体传达出自己的真实想法，因为这种隐秘的交流方式看上去会更加平滑，不但提高了工作效率，同时还减少了交往中的摩擦。所以，在实际生活和工作中，FBI总是坚持将行为方面的交流放在首位。

5
FBI与众不同的沟通方式：
"观色"多于"察言"

众所周知，FBI特工在工作中是非常注重互相交流的，但问题是语言交流是超视距的，这往往会将那些身处险境的特工们推到风口浪尖。有人估算过，FBI特工们在执行任务的时候，其语言传达的内容仅占30%左右。

从理论上讲，因语言交流导致暴露目标主体的概率要大得多，因为人们可以在视野之外捕获谈话信息。而FBI执行的又是非常要紧的秘密任务，所以在工作当中，他们的交流常常是一个眼神或一个笑容。

既然需要避免使用语言来沟通，那么FBI又是如何执行自己的任务的呢？很多时候，被派出去执行任务的特工，彼此之间都不认识，要让两个素未谋面的人达成心灵上的默契，其操作起来很有难度，但是FBI专家早就设计好了不少暗号，再配合上特工们丰富的肢体语言和职业素养，要做到这一点并不是非常困难。

首先，美国特工的暗号非常多。

大体来说，他们的沟通暗号可以分为两种——一种是通用暗号，在FBI内部广泛使用；另一种就属于临时暗号，个别时候，特工之间也会达成一些小范围的沟通暗号。

其中，通用暗号的安全程度不高，但是它可以让两个不相识的特工完成一次情报转接。从一定程度上讲，通用暗号自身的死亡率比较高。美国外派的特工往往都有很多秘密工具，如果得到了有价值的情报，特工们就可以将这个情报藏进一只专门设计的金属弹壳当中。而这种弹壳有尖锐的钻头，可以将其植入岩石、墙壁等处。特工们将这枚金属弹壳钉在指定的位置，然后走开，等下一个人过来拔出并取走。类似这样的通用暗号的保密程度不是很好，一旦内部出现了叛徒，那么就会牵涉出一大批队友，所以在执行一些重大任务的时候，FBI特工都有自己专门的沟通暗号。比如，费尔特和伍德沃德用一面插有小红旗的花盆作为约见的代号，这就属于临时暗号。通常而言，临时暗号的交接者都是相识的，他们在小范围内达成了接头方式，从而避免第三者介入其中，这样就可以大大降低信息丢失的可能性。

其次，FBI在肢体语言方面的研究造诣也是非常深刻的。

他们可以从一些简单的行为动作上判断友军的信息，也可以通过对犯罪分子的观察来评判对方的心理活动。一些简单的手部动作、坐姿，甚至是眨眼，都可以达到彼此沟通的目的。在抓捕江洋大盗埃蒙德·加西亚的时候，FBI特工就是趁着夜色的掩护，包围了对方的住宅，然后慢慢向里渗透。

加西亚藏有一只大口径猎枪和两把装满子弹的手枪，可以说是一个非常危险的人物。第一个潜入加西亚房屋的是迈尔斯，紧跟着他的是他的战友里尔，一个FBI新人。屋子里漆黑一片，但是FBI们戴有夜视仪，不存在视觉上的交流障碍。

"不知怎么回事，我突然很想打喷嚏，我实在是忍不住了，必须找一个合适的地方而且是赶快。"

迈尔斯的这个喷嚏来的很不是时候,如果惊醒了罪犯,整个任务就会泡汤,但是无来由的后退就会引起身后里尔的恐慌。此时,迈尔斯做了一个"Down"的手势,让里尔就地待命,然后指了指窗外,最后走出了屋子。虽然里尔并没有完全明白这是怎么回事,但是依然理解了对方的战术意图,安静地蹲在原地。两个小时之后,他们顺利逮捕了加西亚。

第三,就是FBI特工的职业素养。

可以说,FBI特工的职业化程度是非常高的。那些申请加入FBI的人都是经过了层层选拔而筛选出来的精英分子——FBI特工不光要有过人的智慧,还要善于应对各种变化。可以说,他们的联想能力已经远远超出了正常人的范畴。

在训练营中,FBI新人们还会学习各种知识与技能。一位在训练营中被淘汰的女士维恩·雪莉说:"这次经历给了我很大的鼓舞,我感觉自己学到了不少技巧。"还有一名叫做李·道斯的中学教师,他也是训练营的淘汰者,他兴致勃勃地说:"在这次经历之后,我甚至感觉身边的一切人物都是可疑的,假如那个间谍把我当成了自己的伙伴,然后上来和我对暗语,那就太有趣了,我会和他好好玩一下的,即便被扔进大牢里也值了。"

可以说,FBI特工们有着高人一等的基本素质以及专业而又全面的训练计划,这使他们在沟通起来,完全可以脱离语言这个范畴。即便有些时候,他们预定的暗语、手势都失去了效力,他们也可以凭借自己过人的智慧,通过各种途径,使双方再度链接起来,从而保证任务的顺利完成。

事实上,FBI就是一支专业化极强的特种部队,所有成员都具备非常高的业务能力,而且经过严格筛选和培训,他们已经脱离了平

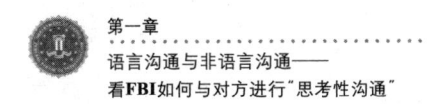

庸，不再单纯地使用语言沟通。虽然使用大量的暗号和肢体语言沟通更具安全有效性，但这并不代表非语言沟通就可以完全取代语言沟通的位置，只能说，在真正执行任务的时候，美国警察的"观色"远远超过了"察言"。

6
即使FBI进行语言沟通也会温和婉转

在与别人进行沟通时，FBI最擅长的就是打心理战。而温和的言辞作为心理战老手们惯用的方式，在FBI眼中还是颇受重用的。因为在大多数情况下，FBI面对的都是那些穷凶极恶的犯罪分子，对于他们来说，恶语相向只能激起他们心中的怒火，如果想要让他们乖乖地配合自己，就需要"对他们好一点"。

1973年，警方抓获了一名杀人犯，他的名字叫做蒙蒂·海伦斯。因为海伦斯患有恋童癖，而且手上还有数起关于孩童的命案，所以警察对这个凶残的杀人犯很是重视。海伦斯经常从自己主观上认为自己备受冷落，所以脾气非常不好，经常损坏监狱里的公物。但是无论警察怎么教训他，他依然我行我素。他还喜欢愚弄警察，谎称自己在某年某月某日作下了一件案子，然后把作案经过说得非常详细，但是当警察回头查证的时候，却发现根本就没有这起案子。

为了能够更好地查清楚这个人，FBI派出了雷斯勒，让他对海伦斯进行一对一的采访。而先于雷斯勒进入囚室的是一名叫做比尔·托马斯的FBI探员，他自告奋勇地前去挑战这个杀人魔。

起初，海伦斯说那里太亮，请人们不要把灯光打在他的脸上，但比尔却粗暴地回应了他。

而当聊起自己的童年梦想时，海伦斯说："知道吗，先生，我很想成为一名飞行员，因为我喜欢那种脱离了地面的感觉……"

此时比尔却不屑一顾地打断了他："是的，再在飞行器的后舱里装进两个可爱的小孩子，对吧？"

听到这些，海伦斯的脸色变得很难看，虽然他放纵自己虐待孩子，最后残忍地杀害了他们，但是从主观上讲，海伦斯自己也对这一可耻的行径异常憎恶，将它视为自己人生的最大污点。此时的海伦斯涨红了脸，大声叫着，并用力拍打桌子。见此情况，警察只好将他带回了狱室。

相对而言，雷斯勒的采访就简单了许多，他的语气很委婉。

"我没有直接进入关于孩子的话题，我知道这个对我们的研究很重要，但是很显然，我们不是很熟，我需要让他明白，我不是来取笑他的。"雷斯勒这样说道。

雷斯勒先是聊了一些其他事情，然后慢慢地将话题引到"海伦斯的童年"，最后才说到海伦斯残害儿童这一事件上。因为有了前面的铺垫，海伦斯平静了许多，他慢慢地讲述出了自己当时的心理变化，并且在最后访谈结束的时候说："谢谢你，雷斯勒。"

对于这样的情景，雷斯勒其实早就见过很多了，有不少犯人都会在采访结束后真诚地说出这句话来，但是雷斯勒还是做出了一副惊讶的表情，然后点点头，说："谢谢你，祝你好运。"

毫无疑问，雷斯勒的采访是成功的，他合理而又委婉的沟通方式使海伦斯打开了心扉，并且还将他当成了好朋友。而那些直接、生硬的说辞——就像比尔那样，只会将整个事情搞得更糟。由于美国很多州都废除了死刑，很多犯罪分子都成了老油条，在他们看来，即使自己的卷宗上再多几条人命，也不会对自己产生什么影响，于是为了使自己显得更加"暴力"、"强大"，他们不惜用说谎来"证明"自己的杀人技术。一旦遇到这样的犯罪分子，对其表示强硬的态度不会起到任何作用，只有用柔和、婉转的语气才能软化对方的心理防线，从而征服对方。美国心理学家经过一番研究得出了这样的结论，当一个人处于弱势的时候，温和的言辞和态度更容易让他们接受。而被拘捕的犯罪分子当然是处于弱势的，如果想要让他们主动配合警方的调查、取证，那么委婉的交流与沟通，才是最好的选择。

当然，不光是对付那些永不见天日的囚犯，FBI特工们在自己平日里的工作生活中也会遇到很多关于沟通、交流的情况。尤其是同事之间，只有和和气气才能保证两人合作愉快。而且能进入FBI工作的也都不是等闲之辈，任何一个想要通过外化的威慑力来征服别人的人，到头来都会一败涂地。

或许很多人都只看到胡佛后来的权势，其实，在他还没有当上局长之前，他也是很"乖巧"的。20岁的时候，胡佛还只是FBI的一个小角色，而且FBI当时在美国政坛上也没有多少发言权。胡佛一面对外展示自己出众的个人能力，一面还要迎合许多人的意思，并且尽量避免和别人在语言上发生冲突。由于会说话、能办事，很快胡佛就当上了FBI的一把手，并且在他的带领下，FBI从其他情报机构中脱颖而出，成就了自己的历史地位。

所以，当我们和别人交流时，都需要保持"委婉"的态度，这样就可以更好地让对方接受并认可自己。法国社会学家米歇尔·莱格里斯曾指出，陌生对象之间的有效交流大概能占到双方谈话总量的5%，而这5%的有效交流就是第一印象产生的后果。而这个第一印象主要包含了"委婉的言辞"、"温顺的性格"、"漂亮的外表"或者是"粗暴无礼"等。换句话说，当两个素未谋面的人进行交流时，只有那些"温和"或

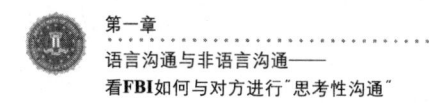

者"严厉"的言辞才能真正进入彼此的脑海，而其余的话语，大多被自动过滤掉了。因此，若是想要留给对方一个好印象，并且使得双方的沟通更加有效，那么委婉的言辞才是一个比较恰当的选择。

7
记住：摆脱困境，全凭说话智慧

说话既是一门学问又是一种艺术。但凡能够在工作上取得成功的FBI探员，他们或者身怀绝技，或者能说会道，而如果能将这两点完美地结合起来，那么在群英荟萃的胡佛大楼里谋得一个高官也就不是什么难事了。

在FBI的新人训练营中，并没有关于"口才"的课程，但是所有人都知道说话的重要性。就像著名的"辛普森杀妻案"一样，虽然很多证据都指向了辛普森，但是他强大的律师团经过一番"舌战"将这些证据一一驳倒，使得它们成为间接证据，或者是无效、违法证据，从而最终将辛普森从监狱中拉了出来。有时候，FBI特工在一些关键时刻也会玩弄言语技术以使自己顺利摆脱困境。

在一次采访埃蒙德·奇普的时候，雷斯勒就是凭借自己高超的说话技术使自己顺利脱险的。

奇普，身高206公分，体重达150公斤，他因连环杀人而入狱，在伤亡者中，甚至包括自己的生母。相对而言，雷斯勒则是一个学者型FBI，当时他一个人来到问讯室，狱警把两人扔在了这里就离开了。

出人意料的是，采访结束后，雷斯勒按铃叫狱警进来，但是没有

第一章
语言沟通与非语言沟通——
看FBI如何与对方进行"思考性沟通"

收到回应。当他第二次按响电铃的时候,奇普笑了起来说道:"他们把你忘了,可怜的专家。"说着,奇普便站了起来,并伸了个懒腰,他这样做的目的其实是想让雷斯勒看见他那超长的手臂以及坚实的肌肉。

此时,奇普轻蔑地看了雷斯勒一眼,然后说:"好吧,FBI,现在就只有我们两个人了,如果现在我想要逃走,你应该不会阻止我吧?"

"我很清楚这一点,在他面前,我简直就是一个玩具,他可以轻而易举地把我的头拧下来,然后扔到桌子上。所以我必须要保持镇定并且尽可能地让他相信我是可以制服他的。"想起当时的情况,雷斯勒依然心有余悸。

当时,他淡淡地对奇普说了一句:"不必担心,我是一名专业的FBI。"

"还有其他的理由吗?"

"你不要再瞎想了,奇普,我有武器的,趁着警察还没来,我们可以再聊聊。"雷斯勒抬起头,盯着对方的眼睛说道。

可奇普却笑了起来,因为他知道前来探视犯人的工作人员都是不允许携带武器的:"得了吧,他们不会让你把武器带进来的。怎么,想说你的钢笔实际上是一只可怕的手枪吗,FBI?"

"这个你大可放心,FBI有你很多不知道的东西。"说完这句话之后,雷斯勒看见奇普又坐了下来。于是,他又同对方聊了起来,努力不让彼此陷入沉默当中。过了一会儿,狱警走了进来,把奇普带走了。临走前,奇普笑着拍了拍雷斯勒的肩膀,说:"别介意,我只是和你开了一个玩笑。"

"我知道。"雷斯勒微笑着说。

实际上,雷斯勒确实没有什么武器,但是他用自己的语言迷惑了奇普,让他畏于行动,最终使得这个人没有做出杀人越狱的事来。在这次危机中，雷斯勒运用了相当多的语言技巧，其关键就是"威慑"。

（1）用自身背景威慑。

在奇普有些得意忘形的时候，雷斯勒告诉对方说，我是一名"专业的FBI"，实际上他是在警告对方不要轻举妄动。他利用了FBI人员本身的实力来恐吓这个图谋不轨的罪犯。试想一下，如果雷斯勒只是一名记者或普通警察的话，那么奇普又会怎么做呢？

（2）利用武力威胁。

按照雷斯勒的说法，他是拥有武器的，这一点让奇普非常小心，因为FBI确实有很多特权，他们的花样也比较多。没有人会蠢到赤手空拳去和一个身上带着枪的警察作对。虽然不能确定对方是否真的拥有武器，但是奇普还是选择了小心翼翼。

（3）用自信威慑。

其实，雷斯勒当时是非常紧张的，和一个能杀害自己生母的人同时呆在一个房间里的滋味确实不怎么好受。但是他极力使自己显得气定神闲。为了使自己的谎言显得更加真实，雷斯勒必须做出一副根本就不害怕奇普的样子来。这种由内而外的自信使奇普更加相信，雷斯勒确实有办法制服他。

（4）要掌控谈话的气氛。

雷斯勒的过人之处就在于他对犯罪分子的心理掌控是非常到位的。他明白，要安抚一个心浮气躁而表面上却又不愿意表现出来的杀人犯，一定要注意不能刺激他。所以，雷斯勒有意将两人的话题引向更为轻松的地方。英国社会学家麦克·林顿曾指出，在与人交往的时候，如果你发现了对方心中的恶意，看到了自己的危险，那么最好的选择就是不动声色，假装自己没有发现这一点，然后再见机行事。如果贸然地质疑、出击，甚至逃跑，都会给自己带来灾难。

同时雷斯勒也知道，在这种十分危险的情况下，只有喋喋不休的谈话才能将一个人的思绪拉走。如果让空气陷入沉寂，那么奇普很可能就会被心魔控制，甚至还会觉得，雷斯勒对自己心存怀疑、处处提防，继而做出疯狂的举动。可以说，雷斯勒的做法是正确的，他镇定地和对方继续交谈，并将话语主动权牢牢地掌握在自己手里以避免陷入沉默。可以说，在这次交谈中，雷斯勒遇到了非常大的麻烦，但是他凭借自己完美的语言能力，化险为夷。

(5)加入"软话"的威慑最有效。

当然，说话的智慧也绝非"威慑"一种方式，最好的办法就是刚柔并济、软硬兼施。因为，一部分人可能会对强硬的语气俯首帖耳，而另一部分人则可能会反感那些威胁性的话语。具体要如何运用，就需要大家见机行事并合理地选择说话时机了。

总体来说，雷斯勒在这次谈话过程中，前半部分主要是"威"，后半段就是"软"。当他将话语引向其他方向的时候，实际上就是一种示弱的表现。德国心理学家道奇·维恩的观点就指出："矛盾双方之间，如果甲方对乙方示威，乙方反击，那么就代表双方势均力敌，甚至乙方可能占据优势；假如乙方没有回应来自甲方的攻击，而是将主题引向其他方向，那么就代表乙方是处于弱势的。"可以说，雷斯勒将话题引开，实际上就是一种赞美奇普本身实力、向对方臣服的表现，而奇普在收到这样的信息之后，也就获得了一种心理上的满足。最后，在两人道别的时候，奇普却说："这只是一个玩笑。"而雷斯勒也不卑不亢地给了对方一个台阶。实际上，两人的友好道别就为下一次采访作好了铺垫。

所以说，巧妙的言语可以使我们摆脱困境。话有三说，巧说为妙，当我们面对重重困难的时候，或许很多条件(比如武器、友军)都是失效或昂贵的，而唯一损耗少且又容易上手的就是语言。只要我们能够将话说得恰到好处，那么就不用劳神费力去求援或搬救兵了。

8
沟通，从倾听刺耳的语言开始

在日常生活中，FBI同样也会遇到很多不中听的话，但由于工作上的需要，FBI探员往往需要采取一些非常规手段来应对。面对普通居民的调侃、讽刺，甚至是诋毁，FBI需要做的就是修复自己和百姓之间的友好关系，以保证自己的工作能够更加顺利地进行。

在"9·11"事件发生以前，美国警察可以说是声名狼藉，很多年轻人甚至四处流浪、居无定所也不想加入FBI或CIA，因为一旦他对外提起自己曾经或正在吃美国警察这碗饭的话，那他一定会招致无数人的敌视和排斥。在20世纪80年代，人们从美国特工当中揪出了不少蛀虫、叛徒，这更使得FBI在美国人心目中的形象一落千丈。还好，FBI探员们利用自己卓越的沟通能力在这个人人喊打的时期里做出了不小的成绩，他们彼此形成了默契——沟通从倾听刺耳的话开始！

1988年9月的一天，三位流浪汉来到达伦·马道夫的家门口讨了点食物和水。奇怪的是，马道夫好心邀请三位流浪汉进屋休息，却被他们果断地拒绝了。而且这三个人的打扮也很怪异，其中有一个人脸上长满了痘痘，令人过目不忘。马道夫并没有意识到，这三名流浪汉就是联邦通缉的飞贼，而长痘痘的人就是他们的头目，叫做麦其森·

第一章
语言沟通与非语言沟通——
看FBI如何与对方进行"思考性沟通"

皮特。

几天以后，警察找到了马道夫，向他询问有关皮特的情况。此次警方的负责人叫做杰拉德·安格尔顿，一名老牌FBI探员。

"您好，我是杰拉德·安格尔顿，FBI。希望您能……"

但是还没等安格尔顿把话说完，马道夫就打断了他："您好，FBI，我现在还需要到自己的养牛场去呢，不然两个雇工会偷懒的。"

"不会耽误您很长时间的，有人说几个形迹可疑的人来过你家，我想了解一下这件事。"

"为什么不找那个告密的人呢？既然他都看见了，你们还需要我做什么？"

"好吧，您是对的，我们也在怀疑——现在那个人正在警局里呆着呢，我们可以把他找来和您当面对质。"

"得了吧，我可没有功夫等他，你们想知道什么？快点说吧，我很忙！"

此时，安格尔顿拿出了皮特等人的照片，让马道夫辨认，很快马道夫就认出了满脸痘痘的皮特。

"真是太棒了，我们一路追踪过来，所得寥寥——他们当时的情况是怎样的？"

"不太好，"马道夫回忆了一下说，"看样子几个人都很狼狈，而且都是步行，估计现在也没有走太远，我敢确定，如果没有谁报案说自己家的车被盗的话，那几个人是走不远的。"

就这样，安格尔顿顺利地撬开了马道夫的嘴，从他那里得到了一些有用信息，最后成功地抓获了那三个飞贼。

起初，马道夫对这位FBI非常不欢迎，他甚至不希望和对方展开合作，并将安格尔顿的到来看成是一个"麻烦"，让他不能安心工作。马道夫说的最具有讽刺意味的一句话就是"您好，FBI"。当时，FBI更多的是民间的一种调侃，人们把他们看成小丑、混蛋，而马道夫一开口就送给安格尔顿这样一句话，分明含有不少讽刺、嘲弄的意思。

而马道夫另外一个刁难安格尔顿的办法就是让对方去寻找"那个告密的人"，这样的话听上去让每一位警察都很上火，安格尔顿后来回想起这件事的时候，也声称自己"马上就要发作了"。但是还好，他按捺住了自己心中的怒火，巧妙地利用了马道夫"很忙"的心理，又为对方设计了一个圈套，即假意要制造一个"当堂对质"的繁琐程序。马道夫当然不愿意和别人对质，一来他确实心虚，二来他也确实非常繁忙，根本没有时间。安格尔顿的做法可以说是恰到好处，顺利地让对方从"不配合"转变成了"配合"。

当然，在成功扭转了局面之后，安格尔顿还不忘赞美对方一番。他将对方说成是"独一无二的知情人"，这从心理上极大地满足了马道夫的存在感，同时也激发了马道夫的主观头脑，他开始了"回忆"。可以说，在这一次简短的谈话当中，马道夫从讽刺警察到被动配合，再到主动帮助，安格尔顿将自己的语言艺术发挥到了极致。

其实很多时候，我们和陌生人沟通，都是从刺耳的话开始的，如果不能将对方的敌对情绪安抚下来，就会为双方的沟通带来极大的障碍，也可以说第一步走不好，那么后面所有的计划都将是白搭。

FBI认为，实际上那些言语粗鲁的人才是他们最好的合作伙伴，因为他们率真爽快，很少玩弄一些阴谋诡计。对于安格尔顿来说，假如马道夫一开始就非常配合并主动要求向警方提供线索的话，他甚至还会考虑这个人的真实意图。更何况，百姓抨击FBI也是有他们自己的理由的，因为这些特工在美国民众心目中的形象非常糟糕。其实，刺耳的话从一定程度上讲也可以当成是"批评"。德国哲学家希尔顿·卡恩曾说过："批评可以分为两种，一种是无来由的指责，另一种是基于一定事实基础的质疑，但是不管哪一种方式都可以促进一个人的

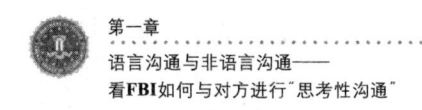

进步。"卡恩的这种观点在最初遭到了不少人的质疑，毫无根据的谩骂怎么能够让一个人进步呢？对此，卡恩的解释是："无理取闹式的挑衅在本次事件上不能帮助一个人，但是这种挑衅会从其他角度上促进一个人的进步，比如激起斗志、引起反思等。"

FBI认为，他们几乎每一天都要和一些陌生面孔打交道，吃到闭门羹是理所当然的事情，而只有从"刺耳的话"开始的沟通才是最真实、可靠的。

9
非语言沟通是传递信号的重要渠道

对于FBI来说，他们是非常注意非语言沟通的，一般情况下，那些从事机密任务的美国特工用语言来传达的内容仅占30%，其余的则是用非语言沟通来完成的。

相比较而言，非语言沟通本身的优势是非常明显的，首先它可以代替语言的作用，直接成为交流双方之间的纽带、桥梁。因为长久以来，人类之间的交流已经形成了非常有效的肢体语言、暗号以及约定俗成的规矩等。在一些特定的时候，我们甚至不需要发出声音就可以完美地达到传递信息的目的。而用非语言沟通代替语言沟通的好处就是"隐蔽性"高，无声的信息传递可以巧妙地规避很多风险，从而使FBI特工更加顺利地完成自己的任务。当然，用非语言沟通完全代替语言沟通也是有很大风险的，就算是专业素质非常高的FBI特工也不能保证百分之百地读懂他人的信息。所以说，非语言沟通终究还只是一个非常规手段，如果不是非常必要，那就采取最为稳妥的语言沟通吧。

其次，非语言沟通的第二个优势就是可以强化沟通效果。在现实生活中，语言沟通和非语言沟通其实是同时存在的，很少有人会将它们割裂开来。很多时候，人们都是一边言谈，一边做出各种形体动作以此更好地传递信息。而FBI们也非常注重非语言沟通的作用，当FBI新人还没有正式被录用的时候，他们就已经开始学习非语言沟通的技巧了。在约翰·肯尼迪时代，FBI就常常通过总统的一些肢体语言来判断对方的内心想法。

在最初的时候，肯尼迪对越南的斗志非常旺盛，每次在发表公众声明或讲话的时候，只要说起"越南战争"，他总是喜欢用力挥拳，而且这样的姿势看上去无比坚定，台下的听众也无不闹成一片，恨不得跳上台来附和肯尼迪。所以，很多时候，非语言沟通是可以强化沟通效果的，就像肯尼迪的用力挥拳、坚定不移的表情、冷峻的眼神都对外起到了非常明显的作用。

第三，通过非语言沟通判断真相。因为相对语言沟通来说，非语言沟通往往是发自内心的真情流露，它是无意之间表露出来的内心的真实想法，所以FBI特工在观察一个人的时候非常注意对方一些不经意的动作。胡佛给人留下的印象是非常威严，每一次FBI的新人们在集中培训的时候，他都会时不时地进行巡视、检阅。而在这个看似平常的巡视中，胡佛有一个雷打不动的规定，那就是同每一位新人握手。

然而，和胡佛握手可不是一件容易的事情，很多新人都心怀恐惧，但是为了给局长留下一个好的印象，所有人都尽量使自己表现得大方得体。在将自己的手伸过去的同时，很多人都会说上一两句自己早就打好的腹稿，以让自己看上去更加礼貌、干练。但是胡佛却很少根据对方的语言、表情来判断这个人的心理素质，而是通过对方握手的力度、手心是否出汗来划分新人们的心理素质。

因此，FBI训练营教官达瑞尔·库珀就曾告诫过自己的学员们说："和局长握手，一定要保证自己的手不要颤抖，这样他才会觉得你是一个镇定、稳重的人，同时握手的力度不要太大，将局长的手握疼了，那么你的FBI之路也就到头了；但是如果你只是象征性地触碰一下，那么他会把你看成一个优柔寡断、拖拖拉拉的人，即便你加入了FBI，也不会受到重用的！"平心而论，胡佛自己作为特工的水准并不是顶尖的，但是他却能够运用一些特工技巧，从下属的非语言表现来判定一个人的心理素质的优劣。

关于人们之间的交流，美国社会学家罗伯特·塞默曾发表过著名的"气泡理论"。按照他的观点，实际上每一个人都是将自己装在一个封闭的"气泡"当中的，如果别人打破了他假想中的那层界限，他就会感觉到焦躁不安，并且会因此而发怒。事实上，FBI在利用非语言沟通的同时，也非常注意这一点，他们会刻意让自己站在"气泡"之外，以此保证谈话对象的安定。对此，FBI的资深特工乔伊·库辛斯指出，在同别人交往的时候，美国警察大多不会去触碰"那个气泡"，因为这是保证双方顺利交流的前提。这个所谓的"气泡"，实际上就是人们自己定制的"缓冲地带"，如果美国警察超越了这个界限，那么谈话者的心理就会受到影响，假如这个"侵略者"突入太深，那么对方就很可能会直接关闭自己的对外通道，使得整个谈话陷入难以挽回的困境。

所以说，非语言沟通是信号传递的重要通道，这一点在美国警察身上表现得尤为突出。他们可以通过各种手段，越过语言这一道鸿沟顺利地传递信息。当然，在非语言沟通的过程中，也有很多因素需要注意，塞默的"气泡理论"告诉我们：一定要把握好谈话双方的距离，一旦逾越是不会收获到有价值的信息的。另外，非语言沟通也是含有一定风险性的，假如交流双方在主观认识上产生了偏差，那么就会生成错误的信息，这样的交流需要尽量避免。

第二章

单向沟通和双向沟通——
FBI如何从两个方向成功说服他人

　　沟通问题一直是FBI所看重的。为了培养自身的沟通能力，FBI特别开设了沟通方面的课程，比如单向沟通的技巧、双向沟通的技巧以及互动式沟通、协商式沟通、换位思考等多种沟通技巧。在FBI看来，这些沟通方式都是行之有效、能产生效果的，并且它们都被FBI看成是单向沟通与双向沟通的一部分。

　　FBI会不遗余力地将单向和双向这两种沟通方式运用在实战中，并努力将沟通效果发挥到最高水平。因为FBI坚定地认为，在众多沟通方式中，单向沟通与双向沟通是实战中不可或缺的，是决定着沟通是否向着良性的状态发展下去的关键因素。

1
FBI实战中不可或缺的沟通方式
——单向沟通

在众多的沟通方式中，单向沟通是FBI在实战中不可或缺的一种方式，因为在FBI看来，这种沟通方式在某些时候的沟通效果非常明显和有效。人们不禁要问："单向沟通这种只强调一方进行沟通，而另外一方只能接受的沟通方式能给FBI带来什么样的沟通效果呢？"FBI认为，单向沟通在一些特定的情况下能产生较为理想的沟通效果，在与犯罪分子沟通的过程中，一位在FBI服役十年之久的资深特工这样表示道："在与犯罪分子交锋的过程中，用单向沟通的方式取得的沟通效果要明显高于其他沟通方式所取得的效果。"比如，发生在1987年震惊美国社会的贩卖儿童案就充分体现了单向沟通所取得的效果。

这一年，美国科罗拉多州西南部圣米格尔县发生了一起儿童丢失案，在当地警察看来这只是一起普通的案件。可没想到在接下来的一个月时间里，该镇接连发生了数起儿童丢失案，当丢失儿童的家长哭着来到警察局报案时，警察才开始认真对待这起儿童丢失案。可令家长心惊胆战的是，几天后，每个丢失儿童的家长在自己的院落里都发现了一张字条，字条上用红色字体赫然写着："一个星期内，准备30万美元来赎回你们的孩子，否则你们将会看到他们的尸体。"当警察局得知这一情况后，意识到拐卖儿童的犯罪分子肯定是一个穷凶极恶的人，于是将这个案件报告给驻守在圣米格尔县100公里以外的FBI，寻求他们的帮助。FBI很快就驱车来到了该警察局商讨对策。

其中一名经验丰富的FBI特工对丢失儿童的家长这样说道："既然绑匪用30万美元作为赎回孩子的筹码，那么我们就要假装答应他们的要求。我所要做的就是要扮演成家长的样子去与他们进行交换。"此时焦急万分的家长认为FBI的做法可行，于是便答应了。就这样，FBI带着30万美元扮成儿童家长的样子来到了绑匪约定的交易地点。然而三分钟过去了，绑匪并没有按照事先约定的时间来到交易地点，此时FBI心急如焚，但还是努力让自己平静下来。五分钟过去了，FBI看到不远处驶来一辆绿色的皮卡车，他立刻意识到绑匪已经出现。此时FBI深吸了一口气，走到距离绑匪车子十米远的地方停下，将一整箱美元扔向了绑匪，就在绑匪弯腰取钱的一瞬间，FBI纵身跳到绑匪身边，将他踢倒在地，并迅速用手铐将绑匪的双手紧紧地铐在一起。

回到警察局后，FBI单独对这名绑匪进行了讯问，在没有展开讯问前，FBI对绑匪大声呵斥道："你怎么能做出拐卖儿童这种丧尽天良的交易呢！难道你没有孩子吗？你这样做简直如禽兽一般！"绑匪低着头听着FBI的呵斥，一言不发。过了一会，FBI点上一支烟，在绑匪身边走来走去，并故意制造出让绑匪心惊肉跳的"咚咚"声，然后向低着头的绑匪吐了一口烟，大声说道："你所有的犯罪记录我们都已经掌握，你可以选择沉默不语，但我要明确地告诉你，任何犯罪分子都不可能逃脱法律的严惩，如果想要得到宽大处理的话，就将你同伙的信息详细地写出来！"说完，FBI将笔和纸扔给了绑匪。绑匪听完FBI的话，内心终于动摇，乖乖地将同犯的信息写在了纸上。

FBI就是通过这样的方式成功抓到了贩卖儿童的犯罪团伙。其实，仔细对案例进行分析就可以看出，FBI是通过单向沟通的方式掌握了犯罪团伙的信息。

首先，FBI与丢失孩子的家长沟通时就有单向沟通的特征。比如，当FBI提出扮成家长的样子与绑匪进行交易的想法时，并没有人对此种方法提出质疑，这就相当于FBI将单向沟通传给了家长。如此一来，就具有了单向沟通的特征，即：一方发送信息，而另外一方只是接收信息。

其次，在FBI对抓获的绑匪进行审问时，也体现出单向沟通的特征。FBI用命令式的口吻与绑匪展开了沟通，并将绑匪面临的处境告诉他，直截了当地告诉他当前的形势。在绑匪眼中，FBI的气势是强大的，他根本没有能力反抗，于是，为了能争取到FBI的宽大处理，只能对犯罪信息供认不讳。

可见，单向沟通在FBI实践中的重要作用，难怪FBI行为分析组组长这样评价单向沟通在实战中的意义："在FBI实战过程中，虽然会运用很多沟通技巧，但单向沟通技巧却是不可或缺的一种方式，因为这种沟通技巧能最大限度地让自己占据主动位置，同时也能加深彼此间的交流影响，即使这个沟通可能是单方面的。"由此可以看出，FBI在实战中将单向沟通作为有效沟通的一种方式，并借助这种沟通方式不断地谱写出令人瞩目的新篇章。

2

FBI沟通的取胜法宝
——双向沟通

"沟通需要掌握一定技巧，而这个技巧就是要学会双向沟通。"这是FBI局长穆勒经常对FBI特工说的一句话。在穆勒看来，在实战中掌握双向沟通的技巧势在必行，因为它是决定着实战中能否取胜的关键因素。

新加入FBI的探员在接受培训的第一天，都会从穆勒口中知道发生在曾任FBI局长路易斯·弗里赫身边的一个案例，并从案例中清楚地意识到双向沟通的重要性。

1996年7月27日，奥林匹克世纪公园的中心广场发生了一起震惊美国的恐怖爆炸事件，爆炸时该广场聚集了上千名欣赏露天音乐会的游客。受爆炸的影响，奥林匹克世纪公园紧急关闭。爆炸发生后不久，美国中央情报局的特工们便赶到爆炸现场开始搜查犯罪分子。不久他们将目光锁定在一名身穿黑色T恤，神色慌张的中年人身上。只见这名中年人手里夹着一个黑色的皮包正在飞速地跑着。于是中央情报局的特工便拦住了这名中年男子，并将其带回去审问。审问中，中年男子慌张的神情让中央情报局的特工们更加相信他就是制造恐怖爆炸的犯罪分子。没过多久FBI也赶来了，路易斯·弗里赫听说中央情报局的特工们已经将犯罪分子抓到，随即找到中央情报局商讨对策。路易斯·弗里赫透过审讯室的玻璃看到中年男子用手抓着头发，表现出很痛苦无奈的表情，这种表情引起了路易斯·弗里赫的兴趣，于是便来到审讯室对审讯他的特工问道："这个人为什么表现得如此痛苦和无奈？"

"他无非是想逃避责任来迷惑大家。"特工说道。

"你们掌握足够的证据证明这个人就是犯罪分子吗？"路易斯·弗里赫一本正经地问道。

"目前还没有足够的证据，可是看他那慌张不安的眼神就知道他有问题！"听完这句话以后，只见这名中年男子号啕大哭，他对路易斯·弗里赫说道："我完全是被冤枉的，当我得知我的妻子在爆炸中受伤时，我心急如焚，只想快点到妻子的身边，可跑着跑着，就被他们挡住了去路，虽然我当时确实很慌张，但我是想尽快见到我的妻子。"

路易斯·弗里赫听完以后松了一口气，随即对审讯他的特工说道："我想你们真的抓错人了，面前的这个人只是一个普普通通的市民，而真正的犯罪分子早已逃脱。"经过认真核查，中央情报局释放了这名中年男子并向其鞠躬道歉。

在接下来的时间里，FBI便与中央情报局的特工共同商讨抓捕犯罪分子的对策。经过缜密的分析，路易斯·弗里赫认为犯罪分子一定还有同伙，于是建议对全城进行戒严。他将这个想法告诉了中央情报局的特工，并询问道："据我分析，犯罪分子在该城还有同党，想必他们没有逃出该城，我建议对全城进行一次拉网式搜查，你们认为呢？"中央情报局的一位负责人对路易斯·弗里赫的想法表示了赞同，他说："我也是这样认为，对全城进行拉网式的搜查非常有必

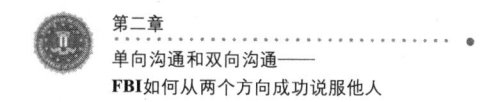

要。"于是双方便部署了大量警力对全城进行了大搜查。经过为期一周的搜查,一位名叫穆罕默德·谢里夫的嫌疑人引起了路易斯·弗里赫的注意,因为当该名男子看到全副武装的警察在路口对过往车辆进行检查时便立刻开车掉头离开了。路易斯·弗里赫随即派特工驱车追赶。在追赶过程中,尽管特工要求其停车接受检查,但这名男子仍没有停下车,反而加大了油门想摆脱特工们的追赶。经过十五分钟的追捕,FBI特工将该名男子的车逼到一处角落里,最终迫使其停车接受讯问和检查。该名男子被FBI特工带到了审讯室,当他听到铁门被"咣当"一声关上以及FBI用军靴发出"咚咚"声音时,他一下子瘫软在地,很快便交代了实施爆炸犯罪分子的去向——逃往荒山中。

得到这个情报后,FBI再次与中央情报局的特工们商讨着如何在荒山寻找到犯罪分子的对策。路易斯·弗里赫问:"荒山中要寻找一个人犹如大海捞针一样困难,你们有什么好方法?"说完将目光投向一旁的中央情报局特工。

"的确如您所说的那样,想要在深山中搜寻犯罪分子不是简单的事情,但只要我们齐心协力就一定能将犯罪分子找到。"

"没错,齐心协力才是找到犯罪分子的关键,那你们有哪些可行的办法吗?"路易斯·弗里赫问道。

"依靠我们自身的力量显然不够,在这种情况下就需要得到山民们的帮助,所以有必要通过高额悬赏的方式让山民帮助我们找到犯罪分子,您看这个办法怎样?"中央情报局特工说道。

"好,就按照这个办法去办。"就这样,由FBI与中央情报局联手对犯罪分子的搜捕便展开了。不久以后,FBI终于将藏匿在荒山中制造奥林匹克世纪公园爆炸案的犯罪分子抓到。

每当路易斯·弗里赫回想起这起案件时,都会这样说道:"FBI与中央情报局之所以能展开良好的合作并协力将犯罪分子成功抓捕,一个很重要的因素是展开了双向沟通。也就是说，双方进行的沟通是互动的，更是有效的，这样不仅强化了双方之间的合作，还实现了共同的目标。"

可见，FBI前局长路易斯·弗里赫所强调的双向沟通在实战中确实具有相当重要的意义，因为在路易斯·弗里赫看来，双向沟通是彼此间建立良好沟通与合作不可或缺的因素。而案例中，路易斯·弗里赫与中央情报局之间的沟通就体现了双向沟通的明显特征——沟通互动。

首先，当中央情报局特工误把一位心急如焚寻找妻子的中年男子当成罪分子审讯时，路易斯·弗里赫及时与中央情报局特工进行了沟通。在对中年男子进行分析后，路易斯·弗里赫认为他们抓错了人。通过及时沟通避免了一场不必要的错案，也为成功地抓捕罪犯节省了时间。

其次，当从犯罪分子的同伙口中得知他已经藏匿于深山之中时，FBI立刻与中央情报局特工进行沟通，这也体现出双向沟通的特征。路易斯·弗里赫想知道中央情报局特工对抓捕犯罪分子有哪些方法，这是双向沟通之一。而当中央情报局特工将抓捕方案告诉给FBI时，得到了FBI肯定的回复，这也是双向沟通的特征。就这样，FBI通过双向沟通的方式与中央情报局特工展开了有效的沟通，这些都为成功抓获犯罪分子作好了铺垫。

由此可以看出，FBI在实战中所进行的沟通最终追求的效果就是要实现有效沟通，而FBI的双向沟通为有效沟通提供了必要的条件。可以说，双向沟通是FBI取胜的法宝。

3
FBI单向沟通
和双向沟通的有机结合

　　FBI给人的感觉总是势不可当、沟通自如。现实生活中的FBI确实也能做到这些，一些人想分析FBI是通过何种方式做到这些的，可往往没有得出结论。其实，通过FBI从实战中的表现就可以看出他们掌握的沟通技巧是促使他们势不可当的关键因素，确切来说，这种沟通方式就是单向沟通和双向沟通的有机结合。那么在实战中，FBI是如何将单向沟通和双向沟通有机结合在一起的呢？或许从以下这个实例中就能找到答案。

　　在威廉·H.韦伯斯特任职FBI局长期间，美国华盛顿的一家银行发生了一起银行资产被盗案，一夜之间，该银行的户头上少了5000万美元。此银行在第一时间报了案，面对巨额财产的丢失，FBI临时成立了"经济调查小组"，组长由威廉·H.韦伯斯特担任。在调查过程中，威廉·H.韦伯斯特首先从该行行长的口中得知在案发当天，银行有一名值班经理值班、九名业务专员办理各项业务、八名点钞员在银行金库清点钞票、四名保安在银行大厅值班，此外还有两名银行系统维护工程师对银行的系统进行维护。对此，威廉·H.韦伯斯特凭借多年的实战经验用排除法进行了分析。经过分析，他认为那两名银行系统维护工程师的嫌疑最大。

紧接着，威廉·H.韦伯斯特又向该行行长索要了两名系统维护工程师的个人资料。资料中显示，两名工程师曾就读于美国软件学院，精通编程技术，而且曾参与过美国多家银行的系统升级与维护工作，甚至美国陆军信息指挥中心还曾邀请他们进行信息方面的编程设计。威廉·H.韦伯斯特看完这两个人的信息后，脸色凝重，并用命令式的口吻对银行行长说："据我分析，这两名系统维护工程师作案的嫌疑非常大，对他们要多加留意。"还没等行长张口，威廉·H.韦伯斯特又继续说道："我会派人对银行所有员工进行调查，在半个月内任何人不能随意离开银行，你尽快将这个消息传达给每一名员工吧！"该行行长并没有解释，而是转身离开并按照FBI的指示将调查的消息传达给了每一名员工。

就这样，FBI对银行的员工展开了调查。直到第五天，负责银行系统升级的两名工程师谎称家中有急事非要离开银行，对此，威廉·H.韦伯斯特找到银行行长与其进行了这样的沟通："这两名系统维护工程师说家中有急事，你怎么看？"

"也许家中真的有急事，我是这样认为的。"银行行长说道。

"那他们在工作中的表现如何呢？"威廉·H.韦伯斯特追问道。

"他们的技术没得说，工作也很认真。但他们并不合群，也很少与其他同事交往。"

"经过我们周密的调查与取证，他们就是盗窃5000万美元巨款的犯罪分子。"威廉·H.韦伯斯特对银行行长说道。

此时，银行行长惊呆了，过了几分钟以后才从惊讶中缓过神儿来，向威廉·H.韦伯斯特提出了疑问："他们是通过什么样的方式窃取到如此巨额的资产呢？"

第二章
单向沟通和双向沟通——
FBI如何从两个方向成功说服他人

"他们凭借自身掌握的编程技术成功地破解了银行资金服务器的密码,并将账户上的5000万美元转移到他们在瑞士开设的账户中,从而将资金无声无息地转移了。"银行行长再一次被惊得说不出话来。过了一会,他对威廉·H.韦伯斯特表示道:"他们的这种做法简直超乎我的预料,我怎么都没有想到在工作中看似努力的人竟然会干出如此惊人的勾当。"此时,银行行长用信任的眼神看着威廉·H.韦伯斯特说道:"希望能得到您的帮助,争取将高额的资金追回。"

在接下来的时间里,威廉·H.韦伯斯特与银行行长就追回资金的问题展开了沟通。在威廉·H.韦伯斯特看来,如果按照常规方式对犯罪分子进行讯问的话,他们可能不会承认作案事实,更很难说出巨额资金的下落。鉴于此种原因,威廉·H.韦伯斯特决定让银行行长出面去劝那两名系统维护工程师。于是便对银行行长表达了这种想法。而银行行长听完威廉·H.韦伯斯特的话后感觉也有道理,随即便拨通了两名系统维护工程师的电话,声称银行要进行一次非常重要的系统升级,让他们务必快速赶到银行。而威廉·H.韦伯斯特也按照事先的计划在银行的会议室中安装了针孔摄像头以便随时了解银行行长与系统工程师之间的谈话。当银行行长将系统工程师带到一间只能容纳10人的小型会议室后,对两名系统工程师开门见山地说道:"你们破译了资金服务器的密码转走5000万美元的事情,我已经知道了,希望你们不要再犯错误,及时将赃款交出来,这样才可能争取到宽大处理。如果你们拒不交出赃款,你们的家人也一定会责怪你们的。"当然,两名系统工程师没想到行长竟然这么快就知道了他们花费很长时间密谋的勾当,同时他们也意识到如果不将赃款交出来的话,家人也会受到连累。最终,两个人承认了从银行账户中转走5000万美元巨款的犯罪行径,并将赃款退还到银行的账户中。

在本案中,FBI就是运用单向沟通和双向沟通有机结合的方式与银行行长展开了有效沟通，并将转走5000万美元巨款的犯罪分子捉到。其实，当看完两名系统工程师的个人资料后，FBI结合自身的实战经验判断出他们可能与案件有关联，并且将这个想法告诉了银行行长，并要求银行行长多留意他们日常的行踪，还要求银行行长将调查银行员工的命令传递给每一个人，这就是典型的单向沟通模式。在威廉·H.韦伯斯特看来，这种命令式的单向沟通方式为该起案件的成功破获奠定了基础，是不可或缺的。紧接着，当FBI调查得知两名系统工程师确实是盗窃巨额资产的犯罪分子时，再一次与银行行长进行了沟通，而这一次并没有用命令式的沟通方式，而是采用了双向沟通方式，在表达自己观点的同时也期望得到银行行长的反馈。这样一来，双方的沟通便得到了进一步的完善，最终达成了统一意见——不用常规的方式抓获系统工程师。至此，FBI单向沟通和双向沟通有机结合的沟通方式就显现出来了。

由此可以看出，单向沟通和双向沟通的有机结合是FBI在实战中运用的一种行之有效的沟通方式，这种方式不仅增进了双方的沟通，而且还使人们被FBI势不可当的气势所折服。

4 双向沟通的缩影——FBI如何运用协商式沟通

在实战中，FBI运用双向沟通的频率非常高，他们已经将双向沟通摆在很重要的位置上。在他们看来，双向沟通能最大限度地使沟通向着良性的方向发展下去。事实上，另外一种沟通方式——协商式沟通也是FBI经常使用的沟通方式。一位在FBI服役十年之久的沟通训练师曾这样表示："双向沟通在FBI实战中具有非常重要的意义，而协商式沟通的实质就是双向沟通，只不过是双向沟通的缩影而已。"

随着国际形势越来越严峻，FBI在实战中运用的协商式沟通也越来越频繁。1990年，在美国西雅图发生的一起政府人员受贿案就显示了协商式沟通的特征。

20世纪90年代，国际黑恶势力猖狂。黑恶势力不仅靠雄厚的资金快速发展，甚至暗中还得到一些政府官员的支持。而美国西雅图原本是一个相对太平的城市，却因为政府人员暗中支持黑恶势力使得该市的治安情况一度恶化，导致市民不敢独自上街。为了改变这种局面，美国政府曾治理过西雅图，可达到的效果非但不明显，甚至还导致了该市的治安情况更加糟糕。这在时任FBI局长的William.S.Sessions看来，西雅图治安情况糟糕的背后一定存在着地方官员的不作为行为，甚至也可能是该市的官员对黑恶势力采取了任由其发展的态度。为了印证这个推断，FBI总部派经验丰富的特工对该市的官员展开了调查。

然而，调查并不是一件容易的事情，要彻底查明该市官员的情况就要对他们进行全方面的监控。在这种情况下必然要投入不少的精力，当然FBI特工并没有放弃，一直监视着该市地方官员的举动。就这样，一周过去了但还是没能得到有价值的情报。直到FBI监视了一个月的时候，一天深夜他们发现该市的官员驱车来到一处废弃的加油站里，而迎接他们的是一名提着保险箱的中年男子。FBI随即将这个信息反馈给总部主管，并与总部主管进行了这样的沟通："我们在监视过程中发现该市官员从一名中年男子手中接过了一个黑色的保险箱，从外形上看，可能是现钞，但我们不确定，下一步该如何做？"FBI等待着主管下一步的命令。

"继续监视这名官员并拍下照片，以此作为证据。"电话那头的FBI主管命令道。

而一星期过后，FBI特工惊喜地发现该市官员再一次来到了废弃的加油站，还是像上次那样从中年男子手中接过一个保险箱，此时只见这名官员打开保险箱并用手拍了拍保险箱里的钞票，露出了满意的笑容。于是，FBI特工随即用照相机对其拍照，并继续与总部主管展开沟通："该官员再一次接过巨额的现钞，我们已经对其进行拍照，下一步该如何做？"

"实施抓捕！"电话那头的FBI主管果断地下了命令。可电话这头的FBI特工并没有立刻进行抓捕，而是对FBI主管说道："报告长官，与官员一起随行的还有六七个人，我认为不适合在此时进行抓捕。"FBI主管听完以后回应道："严密跟踪官员以及随行人员，待时机成熟之时再对官员实施抓捕。"就这样，一个小时后，这名官员的随行人员将其送到住所便驱车离开了，只留下官员一人，在这种情况下，FBI特工决定对其进行抓捕。当FBI特工犹如风一般站在这名官员面前的时候，官员吓得面色惨白，颤抖的手甚至将保险箱打翻在地。当FBI特工捡起保险箱里的一个白色本子时，发现里面清楚地写着这名官员与该市黑恶势力之间进行的交易，而这些交易明显就是收受贿赂。与此同时，FBI特工又从口袋中拿出此前拍摄的照片，此时，这名官员瘫软在地。在接下来的调查中，该官员对收受黑恶势力巨额贿赂一事供认不讳。从此以后，西雅图的治安有了明显的改观，又回到了此前太平的状态中。

在这个案例中，FBI便运用了协商式的沟通方式，而其中也不乏一些沟通技巧。对此，FBI总结出了这样的沟通技巧：

(1)及时展开沟通，以便为协商式沟通打好基础

FBI认为，在实战中，遇到问题要养成及时沟通的习惯，哪怕沟通的内容平淡无奇。因为只有这样才能为以后的沟通建立基础。试想，如果遇到问题不懂得及时沟通，还谈何协商式沟通。本案中FBI特工及时地将官员的信息反馈给总部主管，这就可以看成是及时沟通的一种表现，如此一来便为以后的协商式沟通奠定了基础。

(2)尊重对方的意见，不向对方施压强权

在FBI看来，要想做到有效沟通就需要尊重对方的意见，而不是向对方施压。试想，与人沟通时如果不考虑对方的感受而仅仅向对方施压的话，这样就不会产生良好的效果。在现实生活中我们经常会看到这样的情况：当下属在执行上级指派的工作时，如果遇到困难或自己解决不了的难题并将这些如实地告诉给上级时，如果上级没有尊重下属的意见而是向其施压的话，不仅会让下属感觉到非常无奈，还不利于双方之间的沟通。

在本案中，当FBI总部主管命令FBI特工对地方官员进行抓捕时，FBI特工将地方官员随行人员多、很难实施抓捕的事实告诉给主管，主管听完以后便尊重了特工的意见并与其展开有效的沟通，这便是协商式沟通的特征。

事实上，FBI在实战中运用的协商式沟通能真切地体现出双向沟通的特征，因为FBI已经将协商式沟通看成是实战中不能替代的一种沟通方式，还认为这种沟通方式能促使双方的沟通更好地向着良性的方向发展。

5 FBI如何进行互动式沟通

FBI是善于沟通的一类人，他们总能将沟通运用得恰到好处。其实，在诸多沟通技巧中，被FBI称之为"能产生沟通效益"的互动式沟通方式渐渐引起人们的关注。人们发现，FBI会将这种沟通方式运用在各个方面以便产生最大的沟通效益。

也许一些人会问："FBI所说的'沟通效益'指的是什么呢？"想要弄清楚这一点，还是先听听FBI沟通大师马列里·费·布朗是如何评价的："从本质上讲，人与人沟通的最终目的就是从沟通中达成共识，而达成的共识就是效益。很多时候，沟通产生效益需要的是沟通主体，也就是实施沟通的人之间是否能进行互动，互动得越频繁产生沟通效益的几率就越高，否则，就很难产生沟通效益。"从这位沟通大师的话中人们初步理解了"沟通效益"的含义，也略微知道了产生沟通效益的关键因素——互动沟通。那么，现实中FBI是如何运用互动沟通的技巧而产生沟通效益的呢？

(1)用相互尊重、相互信任的心态与别人进行沟通

在FBI看来，互动沟通是建立在沟通双方相互尊重和信任的基础之上的，如果双方在沟通中没能做到这些，那么就很难建立起良好的沟通氛围，更不用谈产生沟通效益了。曾任FBI局长克拉伦斯·M.凯利的一些话让很多FBI记忆犹新，他表示道："在与人沟通的过程中首先要调整自身的心态，用一颗尊重、信任的心态与别人展开沟通才是有效的沟通方式，因为这种沟通方式不仅是良性沟通的前提，更是让沟通产生效益不可或缺的条件。"其实，克拉伦斯·M.凯利就是要告诉人们，相互尊重与信任是互动沟通的核心要素。

当然，FBI不会忘记克拉伦斯·M.凯利的教诲，无论何时，他们都会用相互尊重与信任的方式与别人展开沟通，并且都取得了良好的效果。

（2）耐心听取别人的发言，然后再与其进行沟通

当FBI用尊重与信任的方式与别人建立起良好的沟通氛围后，他们需要继续用耐心听取别人发言的方式与其展开沟通。在他们看来，要想使沟通产生效益就要耐心听取别人的发言，这是产生沟通效益的前提。如果没有足够的耐心听取别人的发言，还怎能期待与别人进行有效的沟通呢？

每一位新加入FBI的探员在第一天的入职培训中都会接受FBI沟通大师马列里·费·布朗的培训，马列里·费·布朗在培训课上会告诉他们耐心听取别人发言的重要性，还告诉他们与别人沟通时要耐心聆听对方的谈话，中途不要试图打断对方，而是等对方说完后再与其展开沟通。因为在马列里·费·布朗看来，这样的沟通方式能使沟通双方尽快建立起良性的沟通关系并使彼此间的沟通产生互动，从而最终产生沟通效益。

（3）推行民主沟通氛围，让沟通者都能够畅所欲言

"没有民主的沟通是无效的，更是荒唐的！"这是胡佛出任FBI局长一周后，面对美国国会沉闷不民主的沟通气氛提出的意见。这个意见提出以后，便首先在FBI内部推行。在胡佛看来，沟通需要的是在

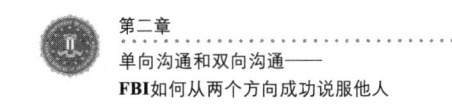

民主气氛下让沟通者能对问题的观点和看法提出自己的意见，能保证他们畅所欲言的权利，这样的沟通才是民主的且具有沟通意义的。倘若不然，如果任何一方的沟通都没能体现出民主，就谈不上畅所欲言，更不会体现出互动式沟通的特性，如此一来，也就别奢望能产生沟通效益了。

为了使沟通主体将自己的想法表露出来，FBI会为沟通者提供便于他们畅所欲言的沟通平台，通过这个平台，极大地拉近了彼此的沟通距离，在实现畅所欲言的同时也产生了沟通效益。

（4）及时解决在沟通中产生的问题

FBI认为，及时解决在沟通中出现的问题关乎沟通是否能产生互动、是否能产生沟通效益的问题。因为在沟通中难免会出现分歧，在这种情况下，如果分歧不通过沟通的方式进行解决，很可能就会使分歧意见越来越大，最终导致难以调节。对此，FBI建议人们，当在沟通中出现分歧时就要及时将分歧意见控制住，展开积极有效的沟通以防止分歧意见扩大化，这样才利于以后的互动沟通。

或许，人们在现实生活中经常会看到这样的情形：两个人在沟通过程中产生分歧，但双方都没能及时解决出现的问题，甚至是对彼此不理不睬，这样就会使双方的沟通很快结束，更不会出现互动式沟通；但如果双方及时将问题消灭在萌芽阶段，那么互动式沟通就能持续下去，而沟通效益也不会因此而丢失。

以上这些都是FBI在实战中总结出的互动式沟通所要遵循的原则和技巧，当然，这些技巧已被FBI成功地运用到实际工作中。因为FBI坚信，互动式沟通是沟通中不可或缺的方法，更是产生沟通效益不可忽视的因素。"互动式沟通能最大限度地使沟通步入良性的发展中并产生沟通效益"这也是FBI沟通大师马列里·费·布朗对互动式沟通作出的总结。所以，互动式沟通是值得人们认真学习的技巧。

6
记住：是沟通而并非强制

在现实生活中，一些人在与他人沟通时总是用强加于人的方式进行沟通。FBI认为这样的沟通非常不可取，因为这既违背了双方之间坦诚沟通的原则，又使双方之间的沟通遭遇阻力。为了避免这种情况的出现，FBI在沟通中会摒弃强制沟通，采取有事好商量的沟通态度，如此一来，就使得他们的沟通取得了非常不错的效果。

在现实生活和工作中，FBI用有事好商量的沟通方式与他人进行沟通的案例非常多，其中就曾发生过这样一个事件：

1978年5月的一天，美国洛杉矶机场的一架即将要飞往芬兰的波音客机的尾翼忽然起火，大火迅速向客舱蔓延开来，在这种情况下，机长带领空乘人员对旅客进行了紧急疏散并及时将火扑灭了。虽然旅客的人身安全没有受到伤害，但是有些旅客声称自己丢失了贵重的物品。接到报案的FBI火速赶到机场来调查旅客丢失物品一案。首先FBI对飞机四周进行了勘查，勘查中并没有发现可疑信息。然而，当FBI对飞机尾翼进行检查时，却发现尾翼右下侧的电路板露了出来，虽然里面的电缆被火烤得发黑，但可以看出电缆的形状。因此，FBI意识到这可能是一起人为造成的事故。

第二章
单向沟通和双向沟通——
FBI如何从两个方向成功说服他人

按照航空业的规定,每一架客机在飞行前都会有专业人员对飞机进行检查,检查的目的就是要及时发现飞机出现的问题以保证飞行的安全,而且这些检查和维护都是由机长参与监督的。因此FBI认为,飞机尾翼出现的失火与此前没能仔细检查有关,机长也应当承担一定的责任。于是FBI找到该机的机长,与其进行了这样的沟通:"据调查得知,飞机尾翼起火的原因是尾翼的电路板发生短路,而这一切竟然在飞机起飞前没能发现,简直不敢相信。"此时,只见机长惭愧地低下了头。为了能尽快查明事故原因,FBI并没有用命令式的沟通方式与机长沟通,而是继续问道:"请你告诉我这架飞机当天负责检查故障的专业人员是谁,知道是谁对于我们及时解决问题是有帮助的。"于是机长将一个记载着当天检查飞机的人员名单递给了FBI。经过认真分析后,FBI对机长说:"你对此次事故怎么看?"

机长低下头低声说道:"此次事故与我没能及时发现问题有关,目前我并没有看出任何异常。"

"没关系,你可以尽情发表你的观点。"FBI鼓励道。

"其实在我心里一直有个想法,负责检查飞机机翼的工程师来这里工作还不到一周时间,而他是个性格怪异、不愿与人相处的人,我感觉他或许有问题。"机长分析道。

"他叫什么名字?"FBI追问道。

"菲尔·金·霍顿。"FBI随即从电脑中查看了这个人的信息,在个人受处罚情况一栏中显示:1970年此人曾因为当街焚烧美国国旗被判刑三年。FBI看到这样的信息后,内心不由一怔,认为这个人很可能与飞机起火有关。于是,再次找到机长将这个想法告诉了机长。听完FBI的推断,机长不由倒吸一口冷气,主动问FBI:"我也认为这个人有嫌疑,要不对他展开讯问如何?"

"如果我们直接找到他,他可能不会承认,你可以假装以飞机需要维护为由将他叫到机场,到时候我们再采取行动。"就这样,FBI与机长通过沟通达成了抓捕方案。最终在FBI的讯问下,菲尔·金·霍顿承认了飞机机翼起火是自己为了发泄情绪所为,然而,等待他的将会是法律的严惩。

可见,FBI在本案中运用有事好商量的沟通技巧主要体现在以下几个方面:

(1)没有一味地批评机长

FBI经过调查得知事故的起因是机长没有及时发现飞机出现的故障,如此大的失误简直不可原谅,但FBI并没有批评机长,而是以解决问题的心态与其展开沟通。因为在FBI看来,批评只会让对方的情绪更加波动不安,同时也会让别人产生畏惧心理,这会直接影响到后续的沟通。

(2)没有用命令式的言语与机长沟通

很多时候,人们在与习惯用命令式言语的人沟通时会感觉到不舒服,甚至有时会为此发生冲突。在这种情况下,FBI为了始终使沟通处于良性发展的趋势中常常避免用命令式的言语与别人展开沟通。在他们看来,命令式的言语就好比将自己的意念强加于人,这样不仅会影响到对方的情绪,同时还会使彼此间的沟通陷入窘况。因此,FBI即使知道机长应该对起火事故负有一定的责任,也并没有向其强加压力,而是通过平和的言语与机长进行沟通,这样一来,便使双方的沟通又向前迈进了一步。

(3)鼓励机长发表自己的观点

现实生活中,很多人都会有这样的体会:在与领导沟通的过程中,领导一般会用命令式的沟通方式压制下属,这样不仅打击了下属发表观点的积极性,同时也使沟通失去了意义。可FBI从不会这样做,他们在与别人沟通时会鼓励别人发表自己的观点,哪怕这个观点是错误的。比如，在案例中，FBI用询问的语气问机长对飞机尾翼起火的看法，并鼓励他发表自己的意见，这样一来，沟通效果就由此而显现出来了。

(4)通过沟通的方式达成统一的策略

沟通最终会产生结果，而这个结果在本案中就是FBI与机长之间达成的抓捕策略。其实，这也体现出有事好商量的沟通特性。试想，当出现问题时，如果双方没有就问题展开协商的话，还可能达成统一的意见吗？显然是不可能。

这些都是FBI与他人沟通过程中运用的有事好商量的沟通技巧，而且这些技巧是FBI从多年实战经验中总结出来的。当然，为了提升人们之间的沟通效果，我们应该像FBI一样学习运用这种沟通技巧。

7 FBI沟通中的换位思考

现实沟通中，FBI将换位思考视为双向沟通的一种，在他们看来，换位思考具备双向沟通的特征，是一种行之有效的沟通方式。时任FBI局长的胡佛将沟通中的换位思考看得非常重要，而且强调要想与别人进行沟通就要掌握换位思考的技能，这样才能做到有效沟通。而事实也的确如胡佛所认为的那样，换位思考确实是影响沟通效果的好坏而不容忽视的因素。

简单来说，换位思考就是在沟通中能否充分理解对方，能否从对方的角度去思考问题。比如，两个人建立起沟通关系后，如果一方对另一方的沟通内容没有充分地理解，就不能站在对方的角度思考问题，那么沟通就可能戛然而止，这样的沟通自然是无效的；如果双方在沟通过程中能运用换位思考的方式，那么沟通效果可能会大不一样。

在现实沟通中，FBI就能熟练地运用换位思考来加强沟通效果。那么，他们是如何运用换位思考的方式与别人进行有效沟通的呢？

（1）充分理解对方

"理解能产生良性作用"这句话一点不假，尤其是在沟通过程中。

在现实生活中，如果一个人在与别人沟通时能得到别人的理解，那么就会使他心存感激，与此同时也增进了彼此间的沟通，因为在他内心深处还是希望与理解他的人进行沟通的。

FBI在现实生活中的沟通总能给他人留下不一样的感受，有人曾这样评价FBI与其进行的沟通："每当与他们(FBI)进行沟通时，总能被他们的沟通所感染，而且与他们的沟通是无所顾忌的，因为他们总能理解我们。"从这样的评价中就可以看出，FBI与别人沟通的技巧之一就是充分理解对方。在FBI沟通培训师帕里斯·罗杰看来，与别人进行沟通时需要换位思考，其前提是充分理解对方，因为只有让对方感觉到被理解，对方才能敞开心扉，更愿意将沟通进行下去。

(2)设身处地地从对方的角度去思考问题

沟通能否有效地持续下去的很重要的一个因素就是沟通主体能否设身处地地从对方的角度去思考问题。FBI经过多年的实战总结也印证了这个观点。每当他们与别人的沟通出现问题时，他们就会立即从对方的角度去思考问题："如果这件事换成是我，我该怎么办？"当思考完这个问题后，FBI便会清楚地了解到对方的心理特征，同时也理解了对方说话的含义。而当对方看到FBI能设身处地地从自身的角度来思考问题时，在其深受感动的同时也愿意与FBI进行更加深入的沟通。如此一来，持续沟通的目的就达到了。

(3)专注地进行沟通

在FBI看来，换位思考的前提是能专注地与人进行沟通。也就是说，在与别人沟通时不要想其他的事情，更不要随意打断别人的谈话。可现实中总有人做不到这一点，当他们与别人沟通时，总不能全神贯注地倾听别人讲话，而是表现出左顾右盼、心不在焉的情况。这种情况下的沟通还怎能有效呢？所以，专注是影响沟通效果的关键因素。曾经在FBI任代理局长的约翰·E.奥托对于专注有着这样的认识，在他看来，与人沟通时要时刻保持专注，因为专注能提高对方的沟通热情并使沟通热情持续下去。而最为重要的是，在沟通过程中表现出来的专注是换位思考最集中的体现。

事实上，沟通也的确如约翰·E.奥托所说的那样要时刻保持专注，因为它决定着能否产生有效的沟通。

(4)对别人的沟通进行客观的评价

当别人在沟通的过程中时，要在适当的时机对这个人的沟通进行客观、公正的评价。这在FBI看来非常有必要，这也体现出双向沟通中的换位思考的特征。然而，现实中的一些人在与他人沟通时，不能对别人的言论进行客观的评价，甚至是通过捕风捉影的方式得到了不客观的信息。对此，FBI认为，在两个人的正常沟通中，沟通者表达的信息有时候可能是不正确的，即他没有将自身想要表达的信息表露出来，因此，在这种情况下不要妄自揣摩，更不能断章取义，而是要通过客观的分析表达出自己的想法和感受。只有在这种状态下进行的沟通才是良性的，同时也会使这种良性的沟通持续下去。

这些是FBI在实战中总结出的用换位思考与别人进行沟通的一些技巧，FBI相信这些技巧能实现有效的沟通，使沟通持续更长时间。由此可以看出，沟通过程中的换位思考确实是产生有效沟通不可或缺的因素。

8 FBI从"单向直线式沟通"到"双向互动式沟通"的转变

但凡沟通就都会出现沟通效果的好坏。而强权式的单向沟通会比互动式的双向沟通产生的效果要差很多,这是FBI总结出的沟通经验,更是他们从中汲取到地经验教训,因为曾担任FBI网络犯罪部组长一职的雷格·霍曼曾深刻地从中吸取过经验和教训。

1977年,由于雷格·霍曼工作出色,他出任了FBI网络犯罪部组长一职。思维敏捷、不畏强权是他的优势,但其自身高傲、武断的个性是很多网络犯罪部特工所不能接受的。他们对雷格·霍曼的评价是:高傲自大,很少能听取下属的意见,甚至还会对下属提出的建议大发雷霆。有一次,在一场野外演习中,雷格·霍曼还像以前一样用强权式的言语大声向下属分配任务:"约克,你负责一号阵地的防守;杰克森,你赶快到2号阵地进行埋伏……"话音刚落,杰克森向其说道:"报告!此前不是分配我负责一号阵地的防守吗?再说我之前也没有对2号阵地进行勘察,根本不熟悉2号阵地。请求调配,报告完毕!"雷格·霍曼听完以后大发雷霆,用强权式的口吻命令道:"少啰唆,这是我临时决定的,马上执行我的命令!"杰克森一脸无奈的样子。演习正式开始了，由于杰克森对2号阵地不熟悉，根本不清楚要将置"敌方"步兵装甲车于死地的地雷埋放在何处，所以"敌方"的步兵装甲车很快突破了他们的防线，使得他们快速逃窜。最终，"敌方"大获全胜。

其实，按照演习的计划，FBI在美国与墨西哥边境处发现了一个装备有步兵装甲车的贩毒团伙，而面对装备精良的贩毒分子，只能将其剿灭。在这种情况下，FBI计划用事先埋放地雷的方式炸毁贩毒分子的步兵装甲车从而顺利抓捕贩毒团伙的成员。可演习的最终结果却以贩毒团伙成功逃脱而结束。这显然没有达到演习的目的，甚至有人直呼是雷格·霍曼的沟通不当导致了演习失败。

面对众人的质疑声，雷格·霍曼开始反思自己与下属特工之间的沟通方式。经过认真分析，他认为，沟通应该是彼此间能畅所欲言、敞开心扉的双向沟通，而不是此前他所进行的"领导分配任务，下属听，然后无条件执行"的强权式沟通。此前他进行的沟通是单项直线式沟通，从而使下属一直处于被动接受领导命令的状态中。当意识到这些后，他首先承认了演习失败是他沟通不足导致的错误并决定要改进沟通方式。

半年后，他所管理的网络犯罪部又接到了FBI总部的命令，让他们展开一场名为"龙卷风"的演习，演习内容是侦查并抓捕一伙境外反动势力。接到这个命令后，雷格·霍曼便将演习内容告诉给下属成员，并与他们展开了双向式沟通："总部要求我们进行这场演习，你们可以随意发表自己的意见。"当时，下属以为听错了，所以谁也没有说话。然而，当雷格·霍曼意识到这一点后他说道："首先我对此前与你们的沟通方式表示道歉，因为我没有充分听取你们的意见，而是用强权式的沟通方式与你们进行沟通，后来我发现这种沟通方式显然是行不通的，它并不是一种解决问题的最有效的沟通方式。"下属听完雷格·霍曼的话以后，对雷格·霍曼改变了此前的看法，于是便与雷格·霍曼就演习一事进行了商讨。商讨过程中，一位特工这样表示道："我认为演习的成功离不开团队合作，要充分发挥每个人的力量才行。"

"没错，我也这样认为，只有将每个人的特长和能力运用在合适的位置上，才能最大限度地体现出团队合作的价值。"另外一名特工补充道。就这样，雷格·霍曼与下属在这种互动式的沟通中商讨出了演习的具体实施方案，并对每个人都作了明确的分工。最终，演习在团体合作的基础上取得了成功，为此得到了FBI总部的高度赞赏。

实际上，雷格·霍曼在与特工沟通的过程中经历了从单向直线式的沟通到双向互动式沟通的转变，正是通过这种转变才促使了演习的成功，并使彼此间的沟通达到了令人满意的效果。其实，从雷格·霍曼沟通方式的转变中可以看出他运用了以下这些技巧：

(1)发现问题能及时解决问题

演习失败令雷格·霍曼难以释怀，此时他进行了深刻的反思，并找到了失败的原因——沟通问题。当他意识到沟通问题是个不容忽视的问题后便决心改正，这样才能使沟通顺利地进行下去。事后，他曾这样表示道："从演习失败中我发现沟通效果的好坏是非常重要的，而我起初并没有使沟通发挥出最好的效果，但从我内心深处还是希望能与特工们建立起良好的沟通关系，为此我决定改进自己的沟通方式。"

(2)用敢于承认错误的态度建立起与特工们沟通的良好平台

"沟通需要平台，这个平台是沟通主体敢于承认错误的精神和态度。"这是令雷格·霍曼感触颇深的一句话，也是他总结出建立好沟通平台的办法。在他看来，任何人都希望在良好的沟通平台上与他人展开沟通，如果他们看到一个犯了错误不愿意承认、没有丝毫悔恨的人时，会很难与他建立起真正有效的沟通。而雷格·霍曼却能构建起良好的沟通平台，当他发现自己此前与下属的沟通存在问题时，他向下属们表达了歉意。正是因为他敢于承认错误的态度使下属们愿意在他构筑的良好沟通平台中与其展开沟通，这就为此后的沟通奠定了良好的基础。

这些就是**FBI**网络犯罪部组长雷格·霍曼在现实中展开的从单向直线式沟通到双向互动式沟通转变的沟通技巧，这样的沟通技巧与其说是他决心转变的结果，还不如说是他从沟通失败的经历中认真总结并付诸于行动的结果。

9
FBI成功沟通的"四板斧"

或许有人会问:"难道还有人不懂得沟通吗?"事实上,的确有这样的人,而且还不在少数。现实中他们与别人进行的沟通往往是无效的,他们不仅没能和别人建立起良好的沟通关系,甚至还使自己没有听众。那么,如何才能有效地进行沟通呢?FBI认为,成功交谈必须要掌握三个方面的技巧,而这些技巧不仅能帮助人们提高沟通能力,还能收到令人满意的沟通效果。

(1)选择好沟通话题

在FBI看来,人们之间进行的沟通都是由一个人选择一个沟通话题,然后其他人就这个问题展开沟通,当然其他人也可以通过同样的方式提出一个沟通的话题供大家交流。这就说明,选择一个合适的沟通话题是非常重要的。如果选择的沟通话题能被别人广泛接受,别人也自然愿意进行沟通,但如果选择了不合时宜或者别人不感兴趣的话题,那就很难引起别人的兴趣,此时就会出现一方说话,而另一方却选择沉默的情况,显然出现这种情况也就意味着沟通失败。

对此,FBI分析出不合适的沟通话题主要有这样一些类型:

①谈话者总是以自我为中心,与别人进行的沟通总是围绕着自

己,也许人们刚开始出于礼貌会听下去,可时间一长,便会使人们产生厌烦心理,人们也就失去了继续听下去的兴趣。在FBI看来,这样的人犯了沟通的大忌:以自我为中心。这样一来,沟通效果自然不能令人满意。

②谈及一些禁忌话题。FBI认为,最好能避免谈及到禁忌话题。如夫妻关系、领导与员工之间的矛盾、身体疾病、个人隐私等。如果谈及这些话题,便会使对方感觉到很没有面子,如此一来他们便会选择结束沟通或谈话,因此,最好不要触及禁忌话题,否则将成为沟通的阻力。

③谈一些不能称之为话题的话题。这种话题是指那些无法继续进行沟通的话题,比如用"天气真的不错"展开沟通,对方说完"的确不错"后便没有什么话来回应了,这样就会使沟通就此中断。

(2)按照一定的沟通顺序进行沟通

何为沟通顺序呢?在FBI看来,沟通是按照一定顺序展开的,不是自己想表达什么就表达什么,想何时说就何时说。只有沟通双方相互配合才能使沟通有序进行下去。

然而,在现实生活中,一些人就没有按照顺序进行沟通。比如,自己说完一句话,别人刚要对其进行沟通时,这个人却不给别人说话的机会,而是继续说自己想说的话。FBI认为,这样的沟通方式违背了沟通中相互交流的特性,这样的沟通不仅会令人感到反感,还会使沟通效果大打折扣。

曾任职FBI局长不到一年的路易·帕特里克·格雷曾这样表示道:"双方之间的沟通强调的就是互动,而没有互动的沟通就不是成功的沟通。"每当人们想起他的话时都会认真思考话中的含义。的确如他所说的那样,FBI越来越多的实例证明了其观点。

(3) 沟通语速要慢

在现实生活中，人们可能会听到这样的抱怨声："这个人的语速太快了，我根本跟不上他的节奏。"现实中确实存在这样的人，每当他们与别人沟通时，别人大多很难听清他们在说什么，都被他们过快的语速弄得不知所措。FBI认为，这对成功沟通非常不利。试想，如果连沟通的内容都没有弄清楚的话，还谈何成功沟通呢？

因此，FBI与别人进行沟通时会十分注重语速的问题，他们不会让别人跟不上自己的节奏的。

(4) 沟通态度

有时候，很多人在与别人沟通时可能会忽视态度的问题。也就是说，当他们心情不好的时候，会将生气的表情挂在脸上，甚至还会用尖酸刻薄的言语与别人进行沟通。在FBI看来，这样的沟通方式是不值得提倡的。因为人们不希望与面带怒气、出言不逊的人进行沟通，这样会给他们带来不悦，从而影响沟通效果。

在现实生活中，FBI在与别人进行沟通时会十分注重沟通态度，尽量避免将不良情绪带到与人沟通的过程中。因为在他们看来，不良的沟通态度就如"魔鬼"一般，会阻碍沟通的顺利进行。因此，FBI坚决将"魔鬼"抛得远远的，以便进行最有效的沟通。

FBI局长穆勒曾就沟通态度表达了自己的观点："沟通的态度是决定沟通能否成功的关键，沟通态度好的人，其沟通成功的几率就越大，而沟通态度差的人，沟通成功的几率就会不尽人意，甚至为零。"

这些被FBI称为"四板斧"的成功沟通的技巧是他们在实战中不断总结的结果，他们相信通过这些技巧就能产生良好的沟通效果。因此，那些还在为如何与别人进行沟通而犯难的人就需要学习FBI的这些沟通技巧，相信一定能给他们带来指导和借鉴意义。

10
FBI如何相互沟通抓捕罪犯

众所周知，FBI都具备单兵作战的实力，然而在实战中，他们会相互协同作战以便对犯罪分子进行有效的打击。

1998年8月，美国伊利诺伊州的一个小镇被一阵急促的警笛声打破了宁静。一辆皮卡车犹如一头脱了缰的猛兽一样急速飞驰，随后两辆警笛长鸣的警车奋力追赶。这一事件的起因是一个蒙面人手持砍刀袭击了该镇的福利院，造成三名老人当场身亡。犯罪分子随即抢到一辆停在福利院门口的皮卡车逃窜。接到报案的FBI特工便很快驾车来到了出事地点，并按照目击人提供的车牌号及犯罪分子逃离的方向追了下去。不到十分钟便看到了犯罪分子驾驶的车辆。此时，FBI特工通过车内的扩音器要求犯罪分子停车接受检查，但犯罪分子并没有理会，而是继续开足马力逃跑。此时的犯罪分子已经到了丧心病狂的地步，飞快的车速甚至已经伤害到路边无辜的行人。在这种情况下，FBI意识到如果不尽快擒住这名犯罪分子，那么将会有更多的行人遭到伤害。于是两辆车上的FBI特工用对讲机进行了以下对话：

"探路者收到请回答。"

"探路者收到，完毕。"

"为了避免民众受到伤害，你负责从皮卡车右侧接近他，我负责左侧。"

"探路者明白。"经过如此简单的对话，两辆警车便全速追赶皮卡车。当两辆车距离皮卡车不到20米时，两辆车里的FBI特工做出了同样的握紧拳头的手势，随即按照事先的分工向皮卡车靠了过去。皮卡车中的犯罪分子显然意识到被警车追赶，于是他在公路上不断变换着行车路线，时而做出"S形"，时而做出"Z形"，这样一来，FBI此前商量的两面夹击的方法就很难实现。为了快速对犯罪分子进行抓捕，FBI再次用对讲机进行对话：

"探路者，你将车开到皮卡车前面，负责追，我在车后负责堵，明白？"

"探路者明白。"

接下来，FBI开始按照这个方案追捕犯罪分子。显然，这个追捕方法发挥了作用，皮卡车陷入到被FBI前后追击的处境中，就这样持续了十分钟，皮卡车的车速明显降低了很多。最终，皮卡车被FBI的警车追赶到一处角落里被抓获。

可见，协同作战是非常重要的。当然，其中不乏沟通的重要性。

首先，FBI之间展开了有效沟通。在FBI看来，有效沟通不仅能使对方准确领会自己的作战方案，还能在沟通中与对方建立起良好的关系。比如，案例中的FBI就是通过警用对讲机对话的方式部署了作战计划。当第一套追捕方案失败后，他们又进行了沟通，最终将犯罪分子抓获。

其次，要学会统一行动。统一行动对于有效抓捕犯罪分子来说具有非常重要的意义。当制定行动计划后，如果任何一方没有按照约定的时间采取行动就会导致整个计划被迫终止。而FBI在这方面是人们学习的榜样，因为他们会严格按照任务部署，统一行动。在本案中，当FBI的警车接近皮卡车时，两辆车上的FBI用握紧拳头作为行动的暗号以便统一行动。

可以说，FBI在实战中都是运用相互协作的方式来抓捕犯罪分子的。

第三章

上行、下行与平行沟通——站的高度不一样，沟通的效果就不一样

FBI是一个略带神秘感的组织，他们不断地用行动告诉世人自身力量的强大。而事实上也的确如此，FBI自身的实力以在实战中取得的战绩来看确实是一支不容忽视的力量。越来越多的人看到了FBI自身过硬的军事技能以及常人无法比拟的敏锐洞察力，同时认为这就是他们取得成功的关键。

其实不然，促使FBI成功的原因中，沟通技巧是不容忽视的一个方面，因为FBI在实战中有很多运用沟通技巧取胜的案例。而FBI也会在日常训练中将一些沟通方式作为重点培训的课程，如上行沟通、平行沟通以及下行沟通，如此一来便可以让所有探员都能学习到沟通方面的技巧，从而为自身技能的提高以及FBI的发展作出不可磨灭的贡献。

然而，关于沟通的重要性，FBI局长穆勒曾在一次对FBI的培训中表示道："每一名FBI都有必要掌握沟通技巧，因为这种技巧在实战中能起到至关重要的作用。"

上行沟通——
FBI如何向总统汇报工作

沟通是伴随一个人一生的事情,没有沟通的人生是黯然无色的,更是缺少活力的。国际著名沟通专家卡迈恩·加洛曾表示道:"无论在日常生活中还是工作中,人们都不可避免地要与他人进行沟通,沟通是双方增进了解不可或缺的因素,更是洞悉对方心理的关键因素,而这尤其体现在与上级的沟通中。"在卡迈恩·加洛看来,在与上级沟通的过程中要遵循上行沟通技巧,这样才能使沟通达到事半功倍的效果。

可以说,每一名FBI探员都掌握着与上级沟通的技巧,即上行沟通技巧。相信很多人会疑惑地问:"什么是上行沟通?"对此,FBI给出的解释为:上行沟通指的是与上级之间进行的沟通。

在FBI看来,人与人沟通就需要掌握一定的技巧,这样才能使沟通产生价值,而掌握好与上级沟通的技巧就显得尤为重要。只有与上级进行沟通才可以让上级领会到汇报的具体事宜,从而根据这些汇报及时地研究对策。在FBI的发展史上,有这样一件事情足以说明FBI与上级有效沟通的重要性。

第三章
上行、下行与平行沟通——
站的高度不一样，沟通的效果就不一样

冷战期间，美国和苏联之间经常发生间谍战，而且非常隐蔽。为了避免让苏联的间谍窃取到重要的军事机密，时任美国总统的杜鲁门任命时任FBI局长的胡佛兼任"反间谍小组组长"一职。一天，胡佛得到可靠情报，情报中称有一名苏联间谍已经乔装打扮渗入到美国陆军参谋总部以窃取军事机密。由于情况紧急，胡佛便到白宫向正在参加经济改革会议的杜鲁门汇报这一情报。而当胡佛来到会议室时，恰逢杜鲁门正在与财政官员讨论着经济改革事宜。此时，胡佛向杜鲁门递了一个眼神并对会场的人说道："总统先生，各位议员，请允许我打断你们的谈论，我有一件非常紧急的事情要与总统先生商讨。"杜鲁门意识到胡佛一定有非常要紧的事情与自己商讨，于是便转身离开并将胡佛带进另一间秘密会议室。看到神色略带不安的胡佛，杜鲁门问道："到底发生了什么事情？"

"总统先生，据可靠情报，一名苏联籍间谍已经秘密潜入到陆军参谋总部企图窃取军事机密。所以，我想得到您的授权对其展开调查和追捕。"杜鲁门听后大惊失色，但很快便镇定下来，问道："你想用什么办法找到这名间谍呢？"

"请总统放心，我已经安排好抓捕这名间谍的方案措施，首先在陆军参谋总部四周进行24小时监视，任何人都要凭借总统颁发的出入证出入；重要军事机密文件交由重要的人看守，并在军事机密电脑服务器旁安装高清晰的摄像头以便全方位立体监控；提高悬赏金额，让陆军参谋总部的工作人员有足够的动力一同找出苏联间谍。"杜鲁门听完以后对胡佛说道："你的这些方法确实可行，但我要提醒你的是一定不要打草惊蛇，这样才能将苏联间谍抓住。"就这样，杜鲁门和胡佛就抓捕苏联间谍一事交换了各自的意见并达成了统一的抓捕方案。

FBI在此后的三天时间内，通过缜密的分析与调查，终于掌握了

苏联间谍的全部信息，而正当他们想实施抓捕时，美国国防部的一位高官却找到胡佛，让其停止抓捕，并警告胡佛这样做的危险性非常大。面对这一强大的阻力，胡佛将这一情况如实地汇报给杜鲁门以寻求帮助。杜鲁门得知这个消息后感到很震惊，同时也表达了支持胡佛的决心。于是胡佛不顾国防部高官的警告将苏联间谍缉拿归案，并从他的口袋中搜出了一些重要的军事机密文件。事后，经过FBI的深入调查，苏联间谍承认了窃取军事机密的事实，还将与美国国防部高官之间进行的"黑幕交易"供述了出来。就这样，FBI成功破获这起震惊美国的间谍案，在惩治失职官员的同时还保护了美国的军事机密。

其实，从这个案例中可以看出，FBI在与总统沟通的过程中掌握了一定的技巧，从而使沟通变得更加有效。那么，FBI究竟使用了哪些沟通技巧呢？

首先，FBI在向总统汇报工作时能遵循简明扼要的原则。在胡佛看来，汇报工作首先就要做到简明扼要，这样才能使沟通的话题更具有针对性，如此一来，也便于总统对事件作进一步处理。在FBI的发展过程中，胡佛总是告诉FBI探员在向上级作工作汇报时，不要将原本简单的事情搞得很复杂，尽量将事情的原委用简明扼要的语言向上级汇报清楚，这样不仅能让上级理解到其中的含义，还能为此后更加便利的沟通作好铺垫。很难想象，一个不能用简明扼要的语言将事情的来龙去脉向上级说清楚的人能与上级建立起良好的沟通关系。

其次，FBI在与总统的沟通中能与总统形成有效的互动。"人与人的沟通是建立在互动的基础之上的，如果双方在沟通过程中没有形成互动的话，就不能算是有效的沟通，而这样的沟通也不会达成共识"，这是FBI在培训过程中经常朗读的一句话。在他们看来，沟通必须要形成互动，尤其是向上级汇报工作的时候。比如，当集中精力向上级汇报工作却得不到上级的互动与反馈时，不仅会降低汇报人的热情，还会在无形中丧失沟通的良机，如此一来，就不能体现出沟通的有效性。从本案中可以看出，当胡佛向杜鲁门汇报对苏联间谍所采用的追捕方法时得到了杜鲁门的指点，并最终确立了抓捕方案，这便是有效沟通的典范。

再次，FBI在沟通时能及时找出解决问题的方法。而现实生活中却有很多人缺少这样的沟通技能。比如，虽然他们发现了问题，但却没有及时想到解决问题的措施和方法，这样不仅没能及时解决问题还没能与上级就此问题达成共识，也就没有形成有效的沟通。然而，通过观察，我们可以发现FBI在与总统沟通时总能事先将解决问题的方法印在脑海中，在与总统汇报工作时，便将解决问题的方法一并说出，这样一来，便与总统形成了有效的沟通；而总统也能对FBI的这些解决方法进行分析对比，从而最终共同商议出最佳的解决策略。本案中，当胡佛将抓捕苏联间谍的方法向杜鲁门说明时，杜鲁门进行了分析并最终确定了"不打草惊蛇"的抓捕方案。

最后，FBI在工作过程中会将沟通持续下去。也就是说，一个完整有效的沟通必须是全程进行下去的。以本案来说，FBI调查出苏联间谍的信息后却遭到了美国国防部官员的阻挠，如果胡佛没有将遇到的阻力与杜鲁门进行沟通，那么调查就会陷入极大的阻力中，这样就很难将苏联间谍抓获归案了。事实上，在紧要关头，胡佛还是将遇到的阻力及时告诉给了杜鲁门，使双方沟通更加深入。最终在杜鲁门的支持下避免了军事机密被苏联间谍所窃取。

以上这些都是FBI总结出的与总统有效沟通的技巧，因为他们越来越相信，沟通需要技巧，而与总统的有效的沟通更需要将这些技巧熟练运用，这样才能与总统之间建立起良好的沟通平台。

2 FBI上行沟通的语言技巧

在FBI看来，沟通在现代社会发展中起到了至关重要的作用。而且每个人都不可能离开沟通，因为沟通是一种表达与交流，是人与人之间相互倾诉与交换意见不可或缺的途径。曾任FBI局长一职的克拉伦斯·M.凯利这样描述道："无论何时何地，人们都需要沟通与交流，因为沟通是开启人心灵的钥匙，是每个人都应该掌握的生存技能之一。"因此在他任职期间，他经常对FBI探员强调沟通的重要性。

事实上，FBI在日常工作中总是能够将沟通的技巧运用得娴熟自如，尤其是在与领导沟通的过程中。一位在FBI服役十年的高级探员格里斯·马瑟认为，在日常工作中，不可避免地会与领导进行沟通，但沟通效果的好坏却是一件很让人头疼的事情。他表示道："在与领导沟通的过程中需要借助一定的沟通技巧，这样才能使沟通有效地进行下去。"因此，他从多年来的经验中总结出了几点与领导沟通的语言技巧：

首先，要做到想领导之所想。在格里斯·马瑟看来，在与领导进行沟通时，有必要知道领导内心的想法，这样才能为此后的沟通作好铺垫，他举例说道："每当我向上级领导商讨事情或汇报工作时，我事先都会想一些上级领导听完汇报后内心的想法。同时，我也会想出一些不同的沟通方法。比如，当领导听完汇报后表现出急躁的情绪并发表自己忧虑的想法时，我便会用劝解的沟通方式打消领导的忧虑；如果领导听完工作汇报后表现出愉悦的神情并愿意提出改进意见时，我会用顺水推舟的沟通技巧与领导就工作问题展开进一步沟通，以便提升工作效率。"格里斯·马瑟认为，只有想领导之所想，才能进行有针对性的沟通，这无疑是有利于沟通的。

其次，要用换位思考的方式与领导展开沟通。格里斯·马瑟认为，与领导沟通时，要从领导的角度出发，这样就能摸清领导的心理，同时也能采取积极有效的沟通措施。格里斯·马瑟深入分析了那些沟通失败的案例，他发现，那些与领导沟通失败的人大多不能进行换位思考，他们总是以自我为中心而忽视领导的感受，从而使双方的沟通产生分歧，最终没能达到有效沟通的目的。对此，格里斯·马瑟建议人们在与领导沟通时要多换位思考，这样才能使沟通更加顺畅地进行下去。

再次，要从领导的话语中读懂领导的语言艺术以便进行有效的沟通。格里斯·马瑟认为，在与领导沟通的过程中，非常有必要理解领导话语背后的含义，并根据这些含义做出相应的沟通方式。比如，领导对沟通的内容不感兴趣甚至失去继续听下去的耐心时，就会将这种不耐烦表现在言语方面，当听到领导这样的话语时，最明智的选择就是要及时停止与领导的沟通，以免遭到领导的厌烦。而如果领导对沟通的内容感兴趣，同样会用言语将愿意沟通的意愿表达出来，在这种情况下，就要及时与他们展开更深入的沟通，这样才能使沟通效果更加明显。因此，与领导沟通要时刻留意领导话语的含义，以便使沟通向着良性的方向发展下去。

可以说，与领导沟通既是一门技术又是一门艺术，而能否把握好，就需要人们认真研究并付诸实践了。相信，只要按照以上几种方法来沟通就会达到良好的预期效果。

3 让上级领导改变主意的沟通技巧

"让领导改变主意该是一件多么困难的事情呀！"这是很多人有感而发的一句话。在他们看来，领导有相当大的权力而且相当威严，更是很难改变主意的。但在FBI看来，如果能掌握好沟通技巧，也是有可能让领导改变主意的。

对此，FBI总结出这样一些让领导改变主意的沟通方法：

(1)迎合领导，说领导想听的话

相信每个人都希望别人能迎合自己，当得到别人的迎合时便与其建立起良好的关系，这样就为双方的有效沟通奠定了基础。在FBI看来，迎合别人在现实中具有非常重要的意义，尤其体现在与领导沟通的过程中，而且大多数领导向来都喜欢听好话，这似乎是人的天性。因此，迎合领导，说其想听的话，就能拉近与领导之间的关系，从而为双方之间的沟通打好坚实的基础。

FBI行为研究小组的一名高级特工这样表示道："与领导进行沟通前，有必要弄清楚领导的心理特征，即领导想要听什么话。弄清楚这些后，在沟通过程中才能说出一些让领导喜欢听的话，迎合领导的同时也使双方建立起良好的沟通关系。"而事实上也的确如此，FBI在与领导沟通时总是能够迎合领导，说出领导想听的话。

一位来FBI不到一年的新探员讲述了在FBI服役五年之久的老探员乔斯布朗与领导之间沟通的案例，他们之间的沟通技巧令他记忆犹新。

按照惯例，FBI总部每年都会派资深FBI专员与派驻在美国各州的FBI探员展开交流，并听取他们在工作中的反馈意见。而这些资深FBI专员则直接受FBI局长管理，因此，他们比普通FBI探员拥有更多的权力和地位。当FBI资深专员来到派驻在俄亥俄州的FBI分基地时，听取了乔斯布朗的工作反馈，并对乔斯布朗和其他探员在工作中的表现大加赞赏，随即便对乔斯布朗说道："鉴于你们在工作中取得的成绩，总部向你们提供了五个到英国参加国际性侦查技能学习的机会。你安排一下。"乔斯布朗听完之后非常高兴并将这个好消息告诉给其他探员。但问题来了，在乔斯布朗看来，该分基地派驻的FBI探员总数为八个人，如果从中选出五名探员去英国参加技术学习的话，剩下的三名探员一定会抱怨，这样一来，便打击了这些人工作的积极性。想到这里，乔斯布朗面带微笑地向FBI专员说道："非常感谢总部能提供到英国参加技能学习的机会，我们也知道总部这样做的目的是对我们工作的认可，更是一种鼓励，相信您也是这个意思，因为在我们看来，您是最迫切需要我们快速成长起来的人，这无形中将我们工作的积极性调动起来。但工作中每名探员的表现都非常出色，真的很难从八名探员中只选出五名去英国参加技术学习。"当FBI专员听完乔斯布朗的话以后，认真思考起这些话，这无形中为双方进行的有效沟通奠定了基础。

(2) 把自己的意见附加给领导，以便让领导改变主意

FBI认为，要想让领导改变主意就要掌握好使领导心悦诚服的沟通技巧，这样才能使自己的意见变成领导的意见。从上个案例中乔斯

布朗与FBI专员的沟通中就可以看出，乔斯布朗并没有直接向FBI专员表达出只让五名探员到英国学习的意见，而是将很难选出五名探员的事实摆在FBI专员的面前，在这种情况下，FBI专员会问道："为什么不能选出五名探员呢？"

"该分基地的八名探员工作都非常努力，如果只让五名去参加学习，剩下的三个人就会产生抱怨心理，这将打击他们工作的积极性。"乔斯布朗如此回答道。

"那依你的意思呢？"FBI专员问道。

"为了不打击其他探员工作的积极性，我建议总部增加学习的名额，这样不仅提升了他们自身的综合素质，同时也增强了团队的凝聚力，您说呢？"

"好，就这么决定，我立即向总部申请学习的名额。"

由此可以看出，乔斯布朗把自己的意见附加给FBI专员，最终让其改变了此前只让五名探员学习的主意。这便是让领导改变主意的成功沟通案例。

其实，FBI在训练过程中专门开设了如何有效与领导沟通并改变领导主意的训练课程。在课堂上，经验丰富的探员会向那些刚加入FBI不久的新探员传授沟通技巧。大卫·斯特林就是向FBI新学员进行培训的一名资深探员。在培训中，他经常向新探员重复着这样的话："与领导沟通需要掌握一定的技巧，而这个技巧是靠不断实践才能学会的。相信很多人都希望能让领导改变主意，这看似很难实现，但只要掌握一定的沟通技巧，就能让改变领导主意的想法成为现实。"此外，大卫·斯特林还向新探员们传授使领导改变主意的沟通技巧，即迎合领导，说领导想听的话以及把自己的意见当成领导的意见以便使领导改变主意。这是大卫·斯特林在多年的实践中总结出来的心得。因为他们越来越意识到有效沟通能对工作带来意想不到的便利。

可以说，FBI将有效沟通作为一门独立的课程进行传授，这样不仅能有效地与领导进行沟通，更重要的是，这让每一名探员都掌握了这种能改变领导主意的沟通技巧。

4
平行沟通——建立在相互尊重、团结互助基础之上的同事沟通

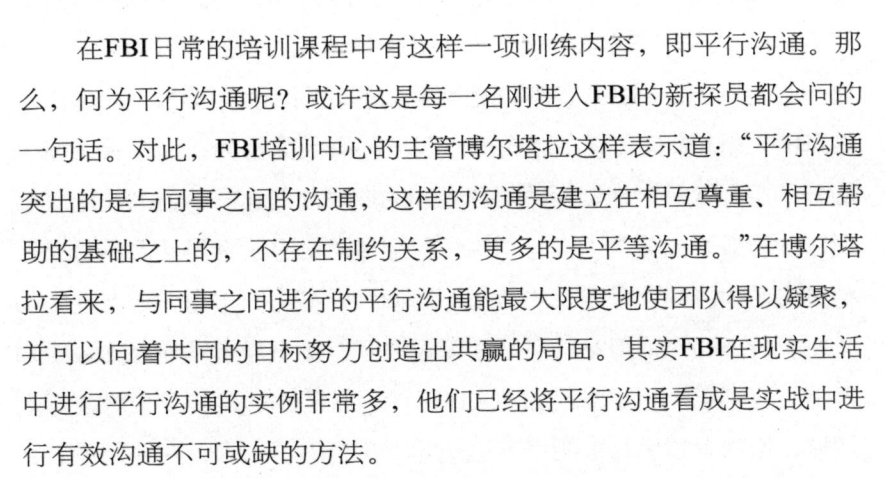

在FBI日常的培训课程中有这样一项训练内容，即平行沟通。那么，何为平行沟通呢？或许这是每一名刚进入FBI的新探员都会问的一句话。对此，FBI培训中心的主管博尔塔拉这样表示道："平行沟通突出的是与同事之间的沟通，这样的沟通是建立在相互尊重、相互帮助的基础之上的，不存在制约关系，更多的是平等沟通。"在博尔塔拉看来，与同事之间进行的平行沟通能最大限度地使团队得以凝聚，并可以向着共同的目标努力创造出共赢的局面。其实FBI在现实生活中进行平行沟通的实例非常多，他们已经将平行沟通看成是实战中进行有效沟通不可或缺的方法。

1998年，美国驻东非坦桑尼亚前首都达累斯萨拉姆和肯尼亚首都内罗毕的大使馆遭到恐怖分子的炸弹袭击，且死伤惨重。于是，FBI便对恐怖分子展开了追捕。从FBI掌握到的情报来看，几名恐怖分子已经逃往美国与加拿大的交界处——明尼苏达州。FBI意识到，如果让恐怖分子逃到加拿大，无疑会加大追捕的难度。于是，FBI总部派几名经验丰富的特工连夜赶往明尼苏达州，以便及时将恐怖分子缉拿

归案。几名经验丰富的特工在赶往明尼苏达州的路上通过车载电话与驻守在该州的另外一些FBI特工取得了联系，将所要追捕的恐怖分子的详细信息作了详细说明。其中，他们之间进行了这样的沟通：

"相信恐怖分子制造的大使馆爆炸案你应该有所了解，目前，据总部传来的消息称，几名恐怖分子已经逃往你们驻守的明尼苏达州，希望你们尽快布控。"随即，经验丰富的特工便将恐怖分子的个人信息通过邮件发送了过去。

于是，明尼苏达州的特工在了解了恐怖分子的个人信息后便表示道："请你们放心，我们一定会做好布控工作，尽快抓获到恐怖分子。"就这样，双方建立起畅通无阻的沟通关系。不久，FBI总部派来的特工顺利地到达了明尼苏达州，并与驻守在该州的FBI探员取得了联系，对追捕恐怖分子一事进行了进一步沟通。沟通中双方就是否在该州主要机场、码头和汽车站部署警力的问题产生了分歧，总部派来的FBI特工认为有必要在这些重点区域部署大量警力，这样就会使恐怖分子没有藏身之地。而明尼苏达州的探员却对这样的方法提出了质疑，认为部署大量警力会打草惊蛇，会使恐怖分子藏得更深。后来，经过沟通和协商，最终双方达成不出动大量警力而采取在重点地区加派便衣特工的抓捕策略。可是两天过去了，还是没有发现恐怖分子的行踪。直到第七天，总部派来的FBI终于忍不住了，想在全城进行大搜捕，但这个想法却被明尼苏达州的特工拒绝了。因为在他们看来，如果在全城进行搜捕的话，不仅会浪费大量的警力，还会使恐怖分子更加警觉，这样一来，此前所有的努力都将功亏一篑。于是明尼苏达州的特工与总部派来的特工展开了深入的沟通，并劝慰他们不要着急，要耐心地等下去。最终沟通起到了效果，FBI特工打起精神、耐心地等待恐怖分子的出现。

就这样，直到第十天，明尼苏达州的一位特工在国际机场巡查时，发现几名行色匆匆、头戴黑色帽子的旅客正在办理登机手续，通过对比恐怖分子的体貌特征，他意识到办理登机手续的旅客就是制造爆炸案的恐怖分子。为了避免让恐怖分子发现，他飞快地走到一个隐蔽的角落，并将这个情报反馈给其他的FBI特工。不到一分钟，FBI特工便赶来支援。为了能有效抓捕恐怖分子，他们进行了简短的沟通，并明确了每个人要执行的任务。当几名恐怖分子办理完登机手续准备离开时，FBI特工们迅速地将他们打倒在地并牢牢地控制住他们。就这样，制造大使馆爆炸案的恐怖分子被FBI缉拿归案。

其实，从这个实例中可以看到FBI抓获恐怖分子的平行沟通技巧，而这些沟通技巧又表现在哪些方面呢？

(1)与同事之间进行平等沟通

这是FBI在与同事的沟通中首先运用的技巧。在FBI看来，与同事之间进行的沟通不能像领导那样用命令式的口吻进行，而是要以平等的方式进行沟通，这样才能拉近与同事之间的关系，使同事不会感到压抑，如此一来，沟通便能顺利开展下去。其实，从心理学的角度进行分析，如果两个人在工作中的级别和职位都相同，而其中一个人如果用命令式的口吻与其进行沟通的话，一定会使人感到不舒服，双方就很难继续沟通下去，甚至会产生严重的分歧。为此，FBI提醒人们，与同事之间的沟通一定要建立在平等的基础之上，这样才有利于双方的沟通，否则，沟通将不能顺利进行下去。

在本案中，当FBI总部派几名特工到明尼苏达州追捕恐怖分子时，这几名特工并没有像领导一样对明尼苏达州的特工指手画脚，而是用平和的语气与他们展开沟通，这其实是为此后顺利的沟通奠定了基础。试想，如果几名特工没有用同事般的沟通语气与其沟通的话，明尼苏达州的特工还可能与之携手共同抓获恐怖分子吗？答案显然是否定的。

(2)用平和的语气化解在沟通中出现的分歧

人与人之间的沟通很容易产生分歧，这是正常现象。在FBI看来，只有及时地通过沟通将分歧解决才便于以后的沟通，如若不然，就会使原本畅通的沟通变得不再畅通。在现实生活中，可能会出现这样的情形：两个陌生人原本建立起沟通关系，可由于在沟通中没能用平和的语气进行交流，结果出现了意见分歧，而此时，双方都没有及时解决分歧的意识，于是双方的沟通会变得越来越困难，甚至使原本简单的分歧演变成不可调解的矛盾，如此一来，就失去了沟通的意义。

而在本案中就可以清楚地看到，FBI特工之间能用平和的语气来化解在沟通过程中出现的意见分歧。当FBI总部派来的特工想用部署大量警力的方式对恐怖分子进行追捕时，却遭到了明尼苏达州特工的反对，而经过双方平和的沟通后，最终放弃了这种方式，这样便使得沟通起到了效果。解决分歧的同时，更增进了双方的沟通关系。

(3)建立实时沟通的机制

很多时候，人们看到FBI在与犯罪分子周旋时用对讲机或其他通讯器材呼叫同伴，以便实时将犯罪现场所发生的情况告诉给同伴，这样才能让同伴及时作出相应的对策。其实，这就是FBI建立起的实时沟通机制。在FBI看来，在与同事共同执行某一任务时，建立起实时沟通的机制就显得尤为重要。因为在执行任务过程中，情报传递得是否及时关乎任务的成功与否，而只有同事之间建立起实时的沟通机制，才能成功地完成任务。其实，在明尼苏达州的特工发现了在机场办理登机手续的恐怖分子后能够及时将这个情报传递给了其他特工，这反映的就是实时沟通。当然，也只有FBI与同事进行了实时沟通，其他特工才能及时知道最新的情况，这样才能尽快赶往现场以便共同抓捕罪犯。

第三章
上行、下行与平行沟通——
站的高度不一样，沟通的效果就不一样

　　由此可以看出，FBI在实战中通过平行沟通的方式与同事展开了平等沟通，这样在增进同事间沟通关系的同时，也为顺畅沟通提供了不可或缺的因素。所以，人们应当从FBI运用的平行沟通技巧中得到启发使自己的沟通像FBI一样自如，从而达到共赢的效果。

5

FBI平行沟通的实用技巧

在FBI看来，同事是工作中接触频率最高的人，与同事建立起良好的沟通关系无论是对工作还是自身的发展来说都有十分重要的意义。因为，工作中相当长的时间都要跟同事打交道，很少有机会与同事以外的人进行沟通交流。如果没有与同事做朋友，没有与他们建立起良好的沟通关系，就很难处理好与同事之间的关系，久而久之，便会妨碍自身的发展。

FBI行为分析小组的一名资深特工曾这样表示道："同事是工作中必须要面对的一类人，与他们和谐相处并建立起良好的沟通关系至关重要。那么，在现实生活中FBI是通过什么样的沟通艺术与同事相处的呢？

(1) 与同事相处要做到平等沟通

FBI认为，与同事相处第一步也是最重要的一步就是要平等沟通。可一些人往往不能做到这一点，比如，当有新同事到来时，他们对新同事很难做到平等沟通，甚至要求新同事帮其做这做那；而新同事向他们请教问题时，他们也不能用同事般平和的语气与新同事交流，而是更喜欢摆起领导般的姿态与新同事沟通。然而，FBI对待同事就不会这样，他们在与新加入FBI的探员的交往中，不会用命令式的口吻吩咐他们去做事，对于他们的提问也会用平和的语气与其沟通。这样不仅没有使新探员感到厌烦，更重要的是为此后更加有效的沟通奠定了基础。

(2)将同事看成是朋友，并通过这样的方式建立起良好的沟通

很多人认为，同事就是同事，不可能成为真正的朋友。但FBI却不这样认为，在与同事交往中，FBI会将同事看成朋友。一位在FBI服役九年之久的高级特工曾这样表示道："与同事建立好关系就需要借助一定的沟通技巧，而这个沟通技巧就是将同事看成是朋友一样与其展开沟通，这样自然就会与同事建立起良好的沟通方式。"

莉丽丝·菲娜就是一位来FBI服役不到三个月的新探员。她怀揣着一颗不安的心来到FBI接受训练，她本来以为进入到FBI会受到很多同事的嘲笑，因为她缺少实战经验。但在与其他FBI探员的接触后，她不安的心彻底放下来了。在FBI训练培训中心，她感受更多的是同事间平等的沟通关系，每个同事之间都能和颜悦色的沟通与交流，这使她心里感到很舒服，更感觉到同事好比朋友一样，可以对其敞开心扉，这无疑使同事间的沟通达到了最佳效果。

(3)用真诚的言语与同事进行沟通

"真诚是一个人的美德，更是一种沟通艺术。"FBI将这句话理解得非常深刻，在他们看来，在与同事沟通的过程中，沟通言语是否真诚决定着沟通效果的好坏。大多数情况下，言语越真诚，就越能感动同事，也就越能建立起良好的沟通关系。比如，两个人在沟通过程中，如果一方总是采取虚情假意的言语进行沟通的话，那么还能给人留下好印象吗？双方还可能建立起良好的沟通关系吗？显然不能，因为大多人都希望别人用真诚的言语与自己沟通，这样他们才会有安全感，也更容易与其建立起良好的沟通关系。

在现实生活中，在同事提高了军事技能后，FBI就会用真诚的言语对同事取得的成绩表示祝贺，使同事感到无比欣慰，同时也更能感受到他们真诚的态度。久而久之，双方便建立起了良好的沟通关系。

(4)有过错要敢于主动认错，并及时沟通

在沟通交往中难免会犯错，FBI也不例外。在这种情况下，大多数人可能不承认自己的错误，更不会主动与对方就错误问题展开交流，这就使得双方的沟通陷入僵局。其实，人犯错误不要紧，重要的是在犯错误之后能与他人及时地进行沟通，以便让他人原谅自己有意或无意中犯下的错误。FBI在与同事交往时就能做到主动与别人沟通并承认错误，这一点是值得人们学习的。

在FBI担任情报调查小组组长一职的特工回忆了这样一件事：我的一位同事和我一样来FBI服役已经六年了，在工作中我们经常会进行沟通和交流，为的就是能共同进步。有一次，我们接到总部派来的任务，即调查一名跨国贩毒分子的行踪，但是在调查过程中，我们产生了分歧，而我固执地坚持自己的想法，同事则对我的想法提出了质疑，于是双方展开了争论。一怒之下，我将调查资料重重地摔在地上并摔门而出。事后，我意识到这种做法是不理智的，于是便找到同事对他说道："非常抱歉，那天的事是我不对，请你原谅。"显然同事没有料到我会主动承认错误，还没等他张口，我又继续说道："那天你提出的质疑是正确的，我应该多听取你的意见才对，如果伤害到你的感情，请你原谅我的无知。"听完这些话以后，同事的脸上已经没有了怨气，而是面带微笑地说道："没关系，我根本没往心里去。当下，我们还要共同调查出贩毒分子的行踪……"就这样，FBI通过主动承认错误并及时进行沟通的方式化解了同事间的意见分歧，最终恢复了中断一时的沟通。

(5)将适当的赞美运用到与同事的沟通中

相信每个人都很难拒绝别人的赞美，即使再小的赞美也会使人有如沐春风的感觉。在FBI看来，在与同事相处的沟通艺术中，适当的赞美是绝对不能缺少的，因为这种方式能最大限度地拉近同事间的距离，从而为有效沟通创造条件。在现实生活中，如果同事精心打扮了一番，懂得沟通艺术的人会这样赞美道："你今天看上去非常精神，肯定有高兴的事情吧。"其实这只是一句简单的赞美之语，却让同事内心感到喜悦，并在此后的交往中也愿意与其进行沟通。可以说，FBI在用赞美的方式与同事沟通方面是高手，这也就不难解释为何FBI具有超于常人的能力了。

在资深特工费兰特·乔安身上曾发生过这样一件事情：他与另外一名特工的关系始终不令人满意，因为他们经常发生争吵，为了解决这样的局面，费兰特·乔安决定采用相对有效的沟通技巧——适当的赞美。一天，当他得知这名特工由于出色地完成了FBI总部派发的任务而接受表彰时，费兰特·乔安认为与其改善关系的机会来了，于是他走到这名特工面前，面带微笑地说道："祝贺你，我的朋友，希望在今后的工作中能得到你的指导。"显然这名特工没回过神儿来，因为在他看来，费兰特·乔安是一个不会赞美别人的人。费兰特·乔安继续说道："你出色地完成了任务是一件值得鼓舞的事，我会将你作为我学习的榜样。"听完这些话以后，他此前对费兰特·乔安的不满也灰飞烟灭，拉着费兰特·乔安的手与其交流起工作经验来。可以看出，这就是赞美所起到的作用。

从FBI与同事间的沟通来看，他们无时无刻都在用这些沟通技巧和沟通艺术与同事进行着平行沟通，而这些沟通都取得了良好的效果。因此，FBI总结出的这些与同事间沟通的心得技巧确实值得人们认真学习。如果能很好地掌握沟通技巧，就能早日实现轻松自如的沟通。

6
FBI与CIA之间的平行沟通

也许一些人分不清FBI与CIA之间的关系，其实他们之间的关系非常简单，即相互合作的同事关系。但在人们固有的意识中，总是认为FBI和CIA之间存在级别上的差异。其实不然，现实中两者的关系犹如同事一般，而且他们的目标只有一个，那就是为维护美国的国家利益而共同合作。对此，曾任FBI局长的威廉·H.韦伯斯特这样表示过："FBI在现实中也要与CIA展开合作与沟通，双方之间不存在上下级关系，更多的是同事般的合作关系，并且这种关系会随着时间的发展和美国社会的需要而变得更加频繁。"从威廉·H.韦伯斯特的话中就可以看出，双方之间进行的合作与沟通完全是建立在平行沟通基础之上的。

相信很多人会对FBI与CIA之间如何平行沟通非常感兴趣，也想知道他们在平行沟通中所采用的技巧。其实，历史上FBI与CIA之间进行的沟通与合作非常多，比如2001年，FBI与CIA之间就展开了密切的沟通与合作。

2001年是让世界震惊的一年，因为这一年美国世贸中心遭到恐怖分子的袭击，袭击共造成数千人伤亡。事件发生以后，FBI便紧急行

第三章
上行、下行与平行沟通——
站的高度不一样，沟通的效果就不一样

动起来，想找到操控恐怖袭击的幕后黑手。但是，FBI在调查过程中遇到了很多难题，他们甚至不知道恐怖分子的体貌特征，这给调查工作带来很大的阻力。为了尽快调查出恐怖袭击的元凶，美国政府投入了大量的人力物力，并授权FBI与CIA通过情报共享等合作方式共同找出恐怖袭击的元凶。就这样，FBI与CIA的合作与沟通正式展开了。

鉴于事态的严重性，FBI局长连夜与CIA局长举行了一次简短的交谈。交谈中，FBI局长握着CIA局长的手说："恐怖主义的苗头已经出现，如果不打击他们的话，美国社会就不会安宁，这样对美国的经济发展也没有任何好处。希望在调查工作中能得到贵方的协助，让我们共同携起手来早日找出恐怖袭击的元凶。"

"非常愿意与你们展开合作，我方愿意提供一切人员与情报。因为打击恐怖主义是我们共同的任务。"CIA局长答复道。就这样，FBI与CIA之间的沟通合作开始了。

然而，对恐怖分子的调查是相当困难的，因为FBI并不知道恐怖分子的体貌特征等，在这种情况下，FBI通过寻找目击证人以及运用各种调查措施，最终调查出了恐怖分子的基本信息。于是，FBI局长将这份信息递给了CIA局长，并对他说道："经过我们周密的调查，恐怖分子的基本资料已经出来了，希望这份信息能给你们的调查工作带来便利。"但是，CIA局长怎么也没有想到FBI能主动将恐怖分子的信息交给他们，于是便对FBI更加敬畏，也决心早日找到恐怖分子。

一周后，FBI得知CIA已经找出恐怖分子背后的指使人——基地组织，于是双方便就抓捕问题展开了沟通。在沟通过程中，FBI建议对恐怖分子进行全球通缉，而CIA局长却认为擒贼先擒王，只有先对基地组织的头目进行暗杀，才能瓦解基地组织的力量，从而进行有效打击。就这样，双方在此问题上出现了争议，换成别人也许会坚持自己的意见，但FBI并没有这样做，FBI局长主动找到CIA局长，耐心地问

道:"您所说的暗杀基地组织头目的方法是一种策略,但您有多大把握能暗杀成功呢?"

"在我看来,这种方式具有一定的隐蔽性,暗杀成功的几率要比单纯通缉的方式高许多。"CIA解释道。

"好吧,先按照您的这个策略实施,如果这个策略没有实施成功,再研究其他方法吧。但在暗杀基地组织头目时要注意自身的安全,因为他们是穷凶极恶的。"FBI通过这样的沟通最终解决了此前产生的争议问题,不仅得到了CIA的信任,同时还使沟通达到了最佳的效果。经过双方的紧密沟通与合作,他们成功地将基地组织的几个头目击毙,极大地打击了基地组织的嚣张气焰,并为维护美国国家利益作出了贡献。那么,FBI与CIA在平行沟通的过程中都使用了哪些技巧呢?

(1)用事实说话,将事态的发展现状告诉对方。

这是FBI与CIA进行沟通时首先会运用的技巧。在FBI看来,只有将事件的发展现状及可能出现的后果告诉对方,才能使对方意识到事态的严重性,更便于双方之间的沟通与合作。就像FBI将世贸中心被恐怖分子袭击的现状和后果告诉CIA,让CIA意识到恐怖分子对美国社会带来的危害从而激起了CIA打击恐怖分子的决心,使双方的合作更加顺利。

当问及FBI局长罗伯特·穆勒是通过何种沟通方式与CIA展开合作的,他这样表示道:"与CIA之间进行的沟通与合作是建立在平等基础之上的,不会让CIA感觉到合作是迫于命令的。当我把恐怖袭击的现状与后果告诉他们的时候,他们自然会作出维护美国国家安全的决定进而与我们展开密切的沟通与合作。"

(2)不断分享信息资源,以便及时展开沟通。

信息的分享是FBI与CIA沟通中经常会用到的方法。比如,当FBI

调查出恐怖分子的信息后会将这些信息与CIA分享，以便双方共同研究对策。其实，现实生活中的很多人不懂得与同事分享信息，他们甚至认为与同事分享了信息后会对自身的发展带来不利。其实不然，只有懂得分享信息的人才能与同事展开良好的沟通，并通过沟通建立起互信的关系，从而将这种良性的沟通持续下去。

本案中，FBI通过周密的调查得出了恐怖分子的体貌特征后便主动将这个信息告诉给CIA，这就使CIA感觉到FBI没有任何架子，从而对FBI充满了敬意，如此一来，双方的沟通关系便向前迈进了一步。

(3)沟通中充分听取对方意见或建议。

FBI在与CIA沟通的过程中没有表现得咄咄逼人，而是充分听取对方的意见或建议后再作决定。在FBI看来，如果与对方的沟通总是表现出咄咄逼人的态势、不听取对方意见，甚至一意孤行的话，对方很可能就会停止沟通，这样就失去了沟通的意义。

可以说，平行沟通不仅能增进双方的关系还能使双方在良好的沟通氛围内建立起长效的合作关系，从而为实现共同的目标达成共识。

7
下行沟通——像FBI局长一样
将信息传递给下属

　　沟通的方式有很多种，下行沟通就是其中一种。而何为下行沟通呢？简单来说，就是领导与下属或上级与下级之间的沟通。其实这种沟通方式在现实生活中非常常见，比如，在工作中，领导向下属安排工作时就会采用这种沟通方式将所要执行的工作安排下去。可现实生活中总有一些人不能完全掌握下行沟通的技巧，他们只是简单地认为只要将信息向下传递即可，其实他们的这种想法是错误的，如果只是简单地将信息向下传递而忽视了其中的沟通技巧的话，信息传递的效果就会不尽人意，甚至会出现偏离最初传递信息的情况。

　　FBI局长认为，下行沟通并不是简单地传递信息的过程而是需要一定沟通技巧的，而且沟通技巧实施得好，信息传递的效果也会很明显，但如果沟通技巧没到位，信息传递可能会不尽人意。那么，FBI在实战中是如何运用下行沟通的方式的呢？

　　(1)明确任务目标

　　明确任务目标是FBI局长运用下行沟通的第一步也是最关键的一步。在他看来，在向下属分配任务以及和他们沟通时，首先，要让下属知道任务的目标,只有下属知道了任务目标他才能执行任务。如果下属对任务目标不熟悉或没有找到任务目标的话,是不能贸然去执行任务的,因为这样会使他们由于没有目的性而到处乱撞,最终不仅将自己撞得头破血流,还使沟通失去价值。如此一来,就会使沟通的成本大大提高。

时任FBI局长胡佛经常会对下属们强调明确任务目标的重要性。在他看来,如果下属没有明确任务目标,甚至对任务目标产生混淆,那么任务执行的效果也就会大打折扣,这样也就失去了沟通的价值。因此,胡佛在向下属分配任务时会反复强调要事先将任务目标搞清楚。如果下属没能将任务目标搞清楚的话,胡佛就会耐心地与他们沟通,直到使每名下属弄清楚任务目标为止。

(2)通过沟通明确探员在FBI里的职责和地位

每一名进入到FBI的新探员在日常训练中都会听到FBI局长向他们重复地强调:"进入到FBI就意味着你们自身的身份发生了改变,同时也承载了更多的责任,而这个责任就是为了维护美国的国家利益与那些损害国家利益的人作斗争,并且将斗争长期化。"此外,面对新探员在实战中遇到的疑惑和困难,FBI局长也会加强与他们展开沟通,告诉他们克服困难需要足够的勇气和执著的精神,并再次明确他们的工作职责,从而使这些探员凭借自身的勇气克服困难并增强自身的责任感。

约翰·菲尔里格是一位来FBI不到一年的新探员,他清楚地记得胡佛局长在对自己这批新探员的培训中说出了这样一番慷慨激昂的话:"从现在开始,你们已经是FBI的一员了。来到这里就意味着你们身份的改变,你们不仅仅是普通的美国公民,还是保护美国利益不受损害的守护神!因为美国政府赋予你们更多的权利,这种权利就是与那些损害美国利益的人作斗争,相信你们能够做到,也希望你们一如既往地将这种精神传扬下去！"

约翰·菲尔里格听完胡佛这番讲话后，浑身充满了斗志。他从胡佛局长的讲话中明确了自身的职责，这使他对FBI生涯充满了无限的信心，同时也萌生出为保护美国国家利益不受损害而努力的决心。

(3)通过不断沟通使探员知晓FBI的重大实战案例

时任FBI局长胡佛认为，在让探员正式执行任务前，有必要告诉他们FBI过去经历过的实战案例，并将实战案例的经验告诉给每一名探员，这样就会为探员们提高实战技能以及成功执行任务作好必要的经验积累。

1978年，FBI对一伙走私军火的犯罪分子展开了通缉和追捕，在此期间，时任FBI局长的詹姆斯·B.亚当斯向执行追捕任务的特工这样说道："在你们执行这项艰巨的任务前我有必要将FBI历史上发生过类似的追捕实战告诉你们，让你们从中学习到一些经验。那是在胡佛出任FBI局长的时期，那一年，美国出现了一起震惊世界的走私军火案，美国的很多先进武器被走私到了很多国家，经过胡佛局长的调查得出了惊天的秘密——走私团伙的幕后指使人竟然与美国陆军司令总部有关。得知这样的信息后，胡佛局长为了能尽快将这个幕后指使人抓到，让一名经验丰富的特工扮演成军火交易商与幕后指使人接触，经过调查取证这名特工掌握了幕后指使人的全部信息，最终FBI将幕后指使人找出并将其移交给美国司法部接受严厉的处罚。"

当执行任务的特工听完詹姆斯·B.亚当斯的讲述后，从这个实战案例中得出了经验，并对即将要执行的任务进行了分析，最终从詹姆斯·B.亚当斯的案例中得到启发，商讨出"打入走私军火犯罪分子内部"的抓捕策略。就这样，FBI探员与犯罪分子之间展开了惊天动地的追捕，而犯罪分子最终被缉拿归案。可以看出，詹姆斯·B.亚当斯局长是通过将FBI历史上发生的重大案例告诉给执行任务的特工的沟通方式,让这些特工总结出实战经验后将其成功运用在实战中,从而最终打击犯罪分子。

(4)用"直接传达"的方式进行有效沟通

现实生活中有很多上级对下级分配工作任务时,往往会让助理或秘书去传达。虽然这样能节省上级的时间,但沟通的效果可能不会令人满意。而FBI局长在传达任务时,会直接将所要执行的任务告诉给特工,以便让特工得到最直接的命令,而这样的沟通效果也是不言而喻的。在FBI局长罗伯特·穆勒看来,直接传达的沟通方式能让下属在第一时间接到作战指令,从而避免了因为多重环节的信息传递而带来信息传递错误的后果。

很多FBI特工对罗伯特·穆勒局长用直接传达的沟通方式表示赞赏,在他们看来,穆勒局长这样的沟通方式无疑能使任务执行的速度和效果大大提升。

以上这些就是FBI局长与普通特工之间进行的下行沟通技巧。从他们这种沟通方式取得的效果来看确实令人满意,这样做不仅让所有特工及时了解到所要执行的任务信息,还为彼此间的进一步沟通奠定了基础。由此可以看出,FBI局长的这种沟通方式是一种行之有效的与下属进行沟通与交流的方式,这种方式对信息的传递起到了积极作用。

8
下行沟通：恩威并用的沟通方式

在日常沟通中，FBI将下行沟通的方式运用自如，而在众多方式中，恩威并用的沟通方式使用的频率最高。因为这种沟通方式相对其他方式而言更具有针对性，也更能体现出与下属沟通的价值。那么，这种沟通的有效性究竟体现在哪些方面呢？先来看看以下这个实例。

20世纪70年代，美国国内暴力犯罪非常严重，每天都会上演着不同程度的暴力犯罪活动。一天，美国弗吉尼亚州的一家医院发生了一起严重的暴力犯罪事件，五名因为遭遇车祸而刚做完手术的病人遭到不明人员的杀害。从犯罪现场的情况来看，死者似乎并没有进行挣扎，完全是在睡梦中就丧失了生命。该起案件发生以后，便被传开了，人们一致认为实施犯罪活动的一定是个杀人恶魔。

案发后，弗吉尼亚州的警察第一时间赶往了医院，进行调查。调查中，该州警察并没有意识到要保护犯罪现场，也没有对犯罪现场进行封锁，甚至还让记者对案发现场进行拍照。当FBI指纹档案馆的主管赶到案发现场并看到案发现场被翻得如此凌乱时，他大声呵斥道："为什么没有保护好犯罪现场，这是谁干的？"说完后，FBI指纹档案馆的主管环顾了一下四周，只见一名警服上写有"实习"字样的警察低下了头，言语中带有一丝不安，轻声说道："是我干的。"只见FBI指纹档案馆的主管来到这名实习警察的身边，大声训斥道："难道警察局没人教你要保护好案发现场吗？难道你不知道破坏了现场就意味着毁灭了证据吗？"

这名实习警察被训斥得低下了头并涨红了脸，不敢再看FBI。就这样，过了几分钟，FBI的情绪有所缓和，他用平和的语调打破了紧张的气氛，对这名实习警察说道："出现这种情况也不完全是你的错，你的上级也有责任。好了，现在跟我一起来调查这起案件吧。"听完这些话，这名实习警察紧绷的神经才有所缓和，随后便在FBI指纹档案馆主管的帮助下寻找到了犯罪分子留下的作案痕迹。

经验丰富的FBI来到一处破碎的吊瓶前，戴上手套，从包里拿出一块黑色的棉布和一个放大镜并将破碎的吊瓶放在黑色棉布上，用放大镜仔细地观察了起来。站在一旁的实习警察不知道FBI能从破碎的吊瓶上寻找到什么有价值的线索，于是便疑惑地问道："您在寻找什么？"FBI指纹档案馆的主管好像没听到实习警察的声音，继续观察着。就这样，两分钟过去了，FBI指纹档案馆主管依旧在仔细查看着。而就在第三分钟的时候，他忽然站起身，对现场的所有人说道："果然如我所料，犯罪分子是通过拔掉病人的输液管来杀害病人的。可是他还是在吊瓶上留下了指纹。"现场的所有人都为他的这个发现感到高兴。这时，实习警察不解地问道："您能告诉我您为什么将破碎的吊瓶放在黑布上吗？"

"由于吊瓶和放大镜的玻璃都是白颜色的，如果直接用放大镜去看吊瓶的话，只会看到一片白色，根本很难看到指纹信息。但如果将吊瓶放在黑色棉布上，就会给白色的吊瓶增加黑色的背景，如此一来，就能很容易地看到指纹信息了。"在FBI指纹档案馆主管的帮助下，这名实习警察学到了很多调查方面的技巧，并最终将杀害五名病人的杀人恶魔绳之以法。

后来，有人问及这名实习警察是否怀恨FBI指纹档案馆主管对其进行的严厉批评，他这样表示道："我从来都没有怀恨过FBI指纹档案馆主管，他对我的批评完全是从帮助我成长的角度出发的。我对他的这种沟通方式非常满意，因为这并没有让我感觉到不悦，而带来更多的则是一种心悦诚服。"

从这个实例中可以看出，FBI指纹档案馆主管与下属，也就是这名实习警察之间所运用的沟通技巧——恩威并用。那么，恩威具体表现在哪些方面呢？其实，只要认真分析就可以看出这种恩威并用的沟通技巧。

其中，"威"体现在：当实习警察在医院调查时没有保护好犯罪现场，反而使现场凌乱并对破案不利时，遭到了FBI指纹档案馆主管的训斥。在FBI指纹档案馆主管看来，这种训斥式的沟通方式是领导与下属沟通时不可或缺的，因为这是对下属错误的指正，同时也能有效地避免下属会继续犯同样的错误。相反，如果领导没有用训斥的方式，那么下属可能就不会意识到自己所犯错误的严重性，甚至还会认为领导没有威严感。在这种情况下，就要像FBI指纹档案馆主管一样将领导的威严显现出来，使下属感受到领导强大的气场。

而FBI指纹档案馆主管的"恩"则体现在：实习警察由于缺少实际办案的经验，在面对复杂的案件而显得一筹莫展时，FBI指纹档案馆主管帮助其找出了犯罪分子遗留下的作案痕迹，并向其传授办案中所采用的技巧，通过这样的方式让实习警察学到了宝贵的实战经验。

FBI指纹档案馆主管认为，在与下属沟通时，不能总让下属感觉到"威"的沟通方式，这样会使他们心里产生深深的恐惧，这种恐惧不仅会使下属与领导的沟通存在障碍，同时还不利于他们的发展。因此，FBI指纹档案馆主管批评完实习警察，为了避免使其心里产生阴影或不悦便帮助其寻找犯罪分子的作案痕迹,并耐心向其传授寻找证据的方法,这样一来,实习警察不仅没有对FBI指纹档案馆主管怀恨在心,还对他的这种沟通方式深感钦佩,心悦诚服地接受批评的同时,也增强了自身的实战经验。

由此可以看出,FBI指纹档案馆主管在实战中就是通过恩威并用的沟通技巧与下属进行沟通,而从这种沟通方式取得的效果来看,并没有留下让下属反感或恐惧的"后遗症",而是让下属接受错误的同时,也增强了与领导之间的有效沟通。因此,恩威并用的方法不失为一种有效的沟通方式。

9
批评下属——
到位且不伤人的沟通技巧

作为下属，每个人都会犯错误，在这种情况下领导就会对下属进行批评指正，可问题又随之而来了——下属对领导的批评与指责不能接受，认为领导没有从他的角度去思考问题，如此一来，下属对领导就会产生不满，甚至与领导进行激烈的争辩，最终破坏了双方的感情，使沟通无法进行下去。

其实，在FBI看来，让沟通无法进行下去，破坏领导和下属之间关系的原因是领导没有掌握好批评下属的沟通技巧，换句话说，错误地使用沟通技巧是影响领导与下属之间沟通的阻力。所以，为了避免这种情况的出现，领导还是有必要学习批评下属却并不伤害下属感情的沟通技巧。

FBI在实战中总能将这种沟通技巧运用得娴熟自如。有这样一个实例：1999年，地处纽约大街258号的一家大型首饰店遭到一伙持刀歹徒的抢劫，而店员趁歹徒不注意报了警，于是，警察很快便部署大量警力将首饰店包围了。歹徒意识到被警察包围了，于是便劫持了店内的数名顾客作为人质并要求警察为他们提供用于逃跑的车辆。警察当然不愿意答应歹徒的要求,所以故意推延时间,但狡猾的歹徒意识到警察有意推延时间,于是变得烦躁不安,并扬言如果在三分钟之内没有提供车辆的话就与人质同归于尽。一分钟、两分钟过去了,就在第三分钟的时候,歹徒愤怒地将刀架在人质的脖子上,就在这紧要关头,人群中传来一声洪亮的声音:"等一下!你们要的车辆已经为你们准备好了,放了人质!"歹徒顺着声音望过去,说话的是一名身材魁梧,身穿黑色上衣且胸前用灰色字体写着"FBI"字样的年轻男子。歹徒得到汽车后果然放了人质,很快便驾车仓皇而逃。这名FBI放走歹徒的事情很快被炒得沸沸扬扬,一些人甚至提出了批评,认为这名FBI的做法是在包庇歹徒。这名FBI也意识到可能会受到处罚,于是作好了挨批的准备。

当这个消息传到FBI人质拯救小组组长路德·F.马奇耳中时,路德·F.马奇找到了这名FBI。这名FBI在自己的领导面前低下了头,准备接受严厉的批评。可令他没有想到的是,领导并没有大声批评指责他,而是用平静的语气和他说道:"你是为了拯救人质,这一点是毋庸置疑的,但你却放跑了抢劫价值超过500万美元的歹徒,这一点让人不能接受。这件事已经惊动了美国总统,他要求在一个星期内破案。但如果不能破案的话,FBI人质拯救小组就会面临声誉扫地,甚至有被解散的危险。"

此时,这名FBI惭愧地低下了头,请求路德·F.马奇严厉地批评他。而路德·F.马奇站起身,拍着桌子对他大喊:"现在不是我批评你的时候,而是要想方设法抓到歹徒。你犯下的错误我先替你保留着,只有你努力将歹徒抓住才能将功补过,否则我不会放过你!"这名FBI探员再次低下了头,过了一会儿他主动向路德·F.马奇承认了错误,并向路德·F.马奇立下军令状,一周之内抓不到歹徒,任由他处置。

虽然这名探员受到了路德·F.马奇的批评,但这些批评并没有给他带来不愉快,相反,他从心里感谢路德·F.马奇。因为在他看来,路德·F.马奇与自己沟通的时候没有将强权施加给他,这使他感觉到无尽的感激,所以他决定要早日找到抢劫首饰店的歹徒。

　　然而,两天过去了,这名FBI仍然没有找到任何有关歹徒的线索,这天晚上,正当他继续查找歹徒的行踪时,路德·F.马奇找到他并向他提供了寻找歹徒的心得。这名FBI听完路德·F.马奇的传授后茅塞顿开,决定采用路德·F.马奇的方法进行调查。在第四天傍晚时分,经过小组探员的努力,这名FBI终于知道了歹徒的行踪——隐藏在距离纽约市中心50公里外的一家宾馆里。得到这样的情报是让人兴奋的,于是这名FBI联合几名探员驱车赶往这家宾馆,将清点着赃物的歹徒一举擒获。

　　就这样,FBI在不到一周的时间内就破获了这起轰动一时的抢劫案。每当这名FBI回忆起这段经历时都会感慨地说道:"其实我要感谢的是我的领导路德·F.马奇,他对我犯下的错误保持了足够的容忍,并在调查过程中及时与我展开沟通,我才得以将功补过。"可以看出,路德·F.马奇的做法既达到了批评下属的目的,又没有让下属产生怨气,相反,下属还对他表达了无限的敬意。其实,路德·F.马奇对下属运用了这样的沟通技巧:

(1)批评下属前,先摆正自己的姿态,然后再与下属进行沟通

　　从法律的角度来讲,人与人之间的关系是平等的,不存在身份高低与贵贱之分。比如在工作中,下属犯了错误以后,切不可张口就说"你怎能犯下如此错误"、"这次的工作干得太差劲了"等伤害下属自尊的话语。下属在工作中出现的错误可能是经验不足或一时的疏忽大意,也有可能是遭遇到其他不可抗拒的因素。此时,对下属劈头盖脸式地批评和指责会极大地打击他们工作的积极性,在伤害到下属感情的同时还使沟通失去了意义。

因此，FBI在批评下属时会遵循一定的技巧。他们在批评下属前，首先会摆正自己的姿态，而且只对事不对人，不会对下属进行人身攻击，更不会将所有责任归结于下属身上。

(2)通过沟通使下属知道事态的严重性

在路德·F.马奇看来，对下属进行指责时要将他出现错误的原因以及导致的后果向其一一道来，这样就避免使下属产生抵触心理，同时他也不会认为领导是在故意刁难自己。本案中，路德·F.马奇将下属放走歹徒的严重性告诉了他，使下属知道犯错可能导致的后果，这样一来，即使下属受到批评也不会介意，因为他们会为自己所犯下的错误深感惭愧。

对此，路德·F.马奇这样表示道："现实中有些下属经常对领导的批评感到非常抵触，认为领导在无理取闹，久而久之，下属会对领导产生不好的印象，这样就影响了双方之间的沟通。其实，这样的领导没有将下属犯错误所导致的后果告诉他们，只有将事态的严重性告诉下属，下属才会没有怨气地承认错误并对自己犯下的错误表现出惭愧。"

(3)批评下属后要及时就待解决的问题展开沟通

现实中很多领导批评完下属后往往会甩下这样的话："你看着办！"或"后果你自己掂量吧"等。这样的话让下属产生压力的同时也会认为领导是不负责任的，于是抱怨声便由此而来。在路德·F.马奇看来，如果领导用这样的方法与下属沟通的话，甭说让下属心悦诚服了，就连能否顺利沟通都是个问题。另外，路德·F.马奇还认为，当下属心悦诚服地承认错误时，要对下属面对错误所需解决的问题进行沟通，这样才能使下属感觉到领导对自己的批评既是善意的也是真诚的，也就不会产生抱怨了。从而最终找出解决问题的方法，使双方之间的沟通达到令人满意的效果。

　　以上这些都是路德·F.马奇在实践中总结出的批评下属且不伤害下属感情的沟通技巧，它们都非常实用，也是领导与下属沟通中不可或缺的方法，值得人们学习和借鉴的。

第四章

反应性相依沟通与彼此相依性沟通——
像FBI一样学会使用更专业的沟通技术

在FBI内部有着一套成熟、完整的交流技巧，这些技巧在一定程度上也得到了科学家的支持。而巴克的"相依理论"则可以从很多个角度来帮助FBI。其实说到底，"相依理论"的核心在于帮助FBI特工在谈话中占据主动地位，抢占优势地形，并且规避无效、虚假的交流。

有了专业的理论支持，FBI特工在同嫌疑人、目击者、普通百姓打交道的时候，也可以显得更加从容不迫、游刃有余了。当然，理论的东西永远都是需要生活来检验的，FBI当局也不会对外宣称自己是援引了谁的话语或概念，他们所要做的就是将这些成熟、可靠的理论直接应用到自己的生活与工作中来。

巴克的相依理论

FBI之所以能够在沟通过程中完美地获取自己需要的信息，在很大程度上也是得益于自己专业的沟通技巧。美国社会心理学专家库特·巴克提出了著名的"相依理论"，这一点在FBI身上反映尤多。虽然出于工作需要，FBI特工从来没有对外宣称自己借用了哪一位专家的思想或观点，但是实际上他们就是这样做了。

其中，"相依理论"主要分为四个方向：假性相依沟通、非对称性相依沟通、反应性相依沟通、彼此相依性沟通。"相依理论"的核心是人际交流间的"互动"，它阐释的重点就在于交流双方是否因为对方的存在而改变自己的主观立场。

（1）假性相依沟通

巴克对于这种沟通的解释是："交流双方都按照自己制定的计划，根本不顾及对方的反应。"按照这样的解释，交流双方的沟通效果当然是不会好的。这就好比聋子和聋子谈话，各说各的，根本不去考虑对方的想法、观点等。既然是失效的沟通，那么FBI也自然不会采取这种偏颇的交流手段。前FBI探员彼得·斯金纳就认为："不管是和嫌疑人还是普通百姓，作为美利坚合众国的警察，我们都有责任让别人的话进入自己的大脑，同时也让别人的话进入我们自己的耳朵。"

当然，假性相依沟通在每一个人身上都会反映出来，只不过在专业素质极高的FBI特工身上触发的几率非常小罢了。

(2)非对称性相依沟通

这一种沟通是指在交流中，有一方根据对方的言行调整了自己的交流方式，而作为矛盾的对立面，另一方却我行我素。这种沟通同样是有缺陷的，对FBI特工来说，他们绝对不能让自己处在"聋耳人"的地位上，只有先听取了对方的话语，并且作出正确的反应之后，才有可能扭转对方的观点从而完成一次成功的交流。大多数情况下，FBI特工同犯罪分子的交流都是从非对称性相依沟通开始的，顽固的嫌疑人并不愿意听取他们的意见，他们只是按照自己设计好的路线同警察交流。其实，雷斯勒在同蔡司打交道的时候也遇到了这样的问题。在前半小时里，蔡司一直在诉说自己"是因为中毒才走上了犯罪的道路"，至于雷斯勒说什么，他根本不愿意听从。

为了使两人的交谈继续下去，雷斯勒将计就计，选择顺从对方的观点："那么你又是如何知道自己中毒的呢？"

"每一个人都有自己的肥皂盒，你要是把肥皂盒拿起来，看见下面有黏黏糊糊的东西，那么就说明有人给你下毒了，如果盒子是干燥的，就代表你没有事。"蔡司振振有词地说。

听到这样的鬼话，雷斯勒做出一副深沉的样子，因为有些时候，那些无聊的囚徒会通过玩弄警察来取乐。假如雷斯勒不加选择地听信蔡司，那么对方就会把他当成一个傻瓜，从此以后再也不会对他吐露真言了。于是雷斯勒假装做出了一个思考的样子，直勾勾地盯着蔡司。而蔡司正在滔滔不绝地编造自己的故事，但是当他看到雷斯勒似乎更胜一筹的时候，他也就停止了说话，像泄了气的皮球一样将两臂支撑在桌子上面。此时,雷斯勒知道自己已经控制住了局面,于是就展开了猛烈的攻势,最终顺利地完成了采访。

事实上,雷斯勒和蔡司的沟通就属于一次非对称性相依沟通,即雷斯勒根据蔡司的言行作出了改变和反应,而蔡司则是一成不变地按照自己既定的方法来应对警察。而最终,雷斯勒成功地打破了这种"带有坚冰"的交流,顺利地完成了自己的采访任务。

(3)反应性相依沟通

这一种沟通可以简单地理解为"见风使舵",巴克对于这一个概念的解释是:"交流双方都将对方的行动作为依据,以此来确定自己下一步的行动方向,而那些原本计划好的东西则是完全失效的。"这种沟通方式在交流双方处于对峙的情况下比较常见。当矛盾双方势均力敌但谁都不敢贸然行动的时候,反应性相依沟通就成了他们的第一选择。

此外,这种交流方式在FBI捉拿罪犯、擒拿间谍的过程中也很见。1992年,FBI当局接到线报,蛰伏已久的大毒枭亨德利特·弗拉迪森斯出现在休斯敦机场,试图利用自己的假护照飞往西欧。为了阻止弗拉迪森斯逃离美国,FBI立即作出反应,通过电话告知正在那里享受假期的特工保罗·克里斯塔曼,让他不惜一切代价务必抓住罪犯。

"电话那头他们向我保证,当地警署也会支持我的行动,但是我知道,为了避免打草惊蛇,他们是不会轻易现身帮我的。"克里斯塔曼回想起当时的情景依然心有余悸,因为弗拉迪森斯不单纯是一名毒贩,他手里还有好几条人命。而克里斯塔曼当时正在度假,根本没有什么武器装备,当他面对身材相对瘦小的弗拉迪森斯时,除了一双拳头之外,他什么都没有。

按照克里斯塔曼的设想,他想要扮成一名可怜的乞丐,上前纠缠

第四章
反应性相依沟通与彼此相依性沟通——
像FBI一样学会使用更专业的沟通技术

弗拉迪森斯，以此拖延时间。但是当他进入对方视线的时候，弗拉迪森斯一眼就将他看穿了："拜托，别演戏了，警察先生，我早就知道那帮狗腿子出卖了我！"

于是，克里斯塔曼只好放弃原来的计划，低声对罪犯说："既然你已经知道了，那你为什么不乖乖地把手伸过来，让我带走呢？"

"我当然不会反对，但是我的助手不同意，他们正坐在另一次航班上等着我的好消息呢！"

克里斯塔曼说："还是关心关心你自己吧，他们可都是一群傻瓜！你指望那几个软蛋帮助你逃跑吗？没有他们的帮助，要找到你还真不是一件容易的事情。"

弗拉迪森斯向四周扫视了一番之后，说道："我现在就在你的手中，如果乐意，咱们不妨交个朋友。"

"理由不错，说说你的想法。"

"等我出了美国，你会收到100万。"

"如果你认为自由就值这几个钱的话，那么我们还有什么好谈的？"

就这样，两人的对话持续了10分钟。然而，就是这珍贵的10分钟，让休斯敦警察摸清了弗拉迪森斯的情况，在得知他并没有所谓的同伙之后，一名便衣警察从侧面击倒了他，给他戴上了手铐。

可见，克里斯塔曼和弗拉迪森斯之间的谈话就是典型的反应性相依沟通，他们双方都没有按照自己的计划同别人打交道，弗拉迪森斯是一个有名的壮汉，但是在身高两米、体重110公斤的克里斯塔曼面前，他放弃了攻击对手的念头，转而采取了用自己的同伙来恐吓警察。当然，克里斯塔曼也没有吃这一套，他同样也哄骗对手说，正是那些"软蛋"出卖了弗拉迪森斯，这样便击败了弗拉迪森斯。而基于警察的强势、自己处于劣势的现状，弗拉迪森斯又使出了"利诱"的老把戏。根据对方的变化，克里斯塔曼顺势拖延了时间，为警方最后抓获弗拉迪森斯创造了条件。

可以说，反应性相依沟通更多的是一种相机而动的交流，它的核心就是根据对方的变化作出自己的下一步决定。实际上，不光是FBI，就连普通人群在交流的过程中，反应性相依沟通的使用频率也是非常高的。

(4)彼此相依性沟通

在四种交流方式中，彼此相依性沟通是最健康的。按照巴克的解释，交流双方在这个时候，既需要根据对方的态度来确定自己的言行，还需要根据自己的计划来行事。这个要求显然具有很大的难度，对于普通百姓来说，要让他们做到这一点是很困难的，但是在专业化极高的FBI身上，就不算什么难事了。

FBI特工们在和顽固不化的在押分子打交道的时候，大多数情况下都是根据对方的行动来不断调整自己的言行，但是归根结底，他们想要说服对方招认罪行或供出同伙的心理还是不变的。也就是说，FBI特工们在执行任务的时候，如果不能直接征服对手，那么他们就会不断地调整自己的方式方法，但是路径依然不变。这就好比是遇到了穷凶极恶的犯罪分子，警察可以用匕首制服他也可以用手枪制服他，同样也可以用手雷制服他，但是无论选择哪些武器，警察的目的都是不变的，即收服罪犯。

2 相依理论在FBI身上的运用

近年来，FBI专家对巴克的相依理论进行了不少的研究，他们将人际沟通的几种关系区分开来，试图将这些理论运用到自己的实际办案中来。FBI专家索莱丝·孔帕尼将这四种关系划分为四个阶段，其沟通能动性也呈现出一种递进形式。

（1）人际交流的第一层次——假性相依沟通

孔帕尼将这一种沟通放在了人际交流的第一阶段，他认为这是属于"陌生人"之间的一种沟通方式。处于这种交流状态的矛盾双方，实际上和那些闭上嘴巴一句话不说的人没有区别。FBI特工在和罪犯打交道的时候，最需要避免的就是这样一种状态。因为在这种交流中，警察不会听取相关者的意见，而相关者也不会去听警察说了些什么。对此，孔帕尼举例说："就好比一个聋子和水鬼在聊天，聋子想要让水鬼帮他把河中的那本书捡起来；而水鬼只想让聋子从桥上跳下去，以使自己重返阳间。两人各说各的，但最终，聋子丢下书本继续赶路，水鬼则蹲在桥下继续等待下一个灵魂。"

可以说，在人际交流的第一层，交流双方之间的沟通是完全失效的。人们进行沟通是为了通过自己的言行来重塑周围环境，而假性相依沟通不会对环境产生任何影响，自然也就不能帮上FBI什么忙了。

(2) 人际交流的第二层——非对称性相依沟通

这一层次的沟通从一定程度上来说是有利有弊的，它在很多时候都能够对FBI带来帮助，但是按照孔帕尼的解释，这依然是一种畸形的交流，因为对话双方并没有站在一个合理的水平线上。

非对称性相依沟通对FBI有利的情况就是，它可以规避由嫌疑人的话语带来的信息干扰。警方在这个时候一定要让自己处于强势、主动的地位，不能让嫌疑人将自己的意识强加到警察身上。在一些特殊情况下，FBI内部也需要这种不带互动的信息交换，比如一项非常难以理解的任务或者很难被接受的方向，在一些必要的情况下，知情者是不需要让所有人都理解这个意图的，他们需要的只是执行。对于这点，孔帕尼依然是用水鬼的说法来例证的："作为渴求肉身的水鬼，他只是需要让桥上的人下到水里来，他不需要、也不能让对方了解自己的意图。假如聋子听到对方的话语之后改变了想法，那么水鬼就赢了。"作为FBI，很显然他们需要扮演水鬼这个角色。

但是不听取别人的意见也会在很大程度上为自己的工作带来麻烦，所以这种交流方式主要体现在FBI审讯顽固罪犯身上，其他时候它的使用频率还是比较少的。

(3) 人际交流的第三层——反应性相依沟通

巴克认为，一次交流是否成功，最为主要的衡量标准就是看这次交流生成的互动有多少。在假性相依沟通当中，人与人是不存在互动的，非对称性相依沟通是单方面的变动，而反应性相依沟通则进步到了真正的互动上了。这是一种非常灵活的交流方式，因为双方都针对别人的意见修改了自己的方向，可以说是一种相当配合、主动的状态。所以，作为FBI特工，他们最希望出现的就是这种交流方式。

而要想让双方的交流进入反应性相依沟通，那就需要FBI特工作

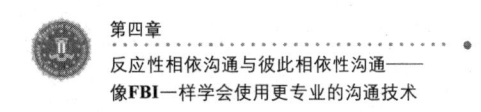

第四章
反应性相依沟通与彼此相依性沟通——
像FBI一样学会使用更专业的沟通技术

出很多努力。雷斯勒指出:"在这个过程当中,需要发挥每一位FBI特工的聪明才智,不是每一个阶下囚都愿意根据你的指导来走路的。"

在和女连环杀手艾琳·沃尔诺斯打交道的时候,FBI心理学专家肖恩·沃顿就非常聪明。沃尔诺斯在被捕之后,嘴里根本没有一句正经话。这个放浪的女人喜欢运用各种语言骚扰、挑逗狱警,甚至以威胁的方式来对付看押自己的狱警。在短短10天时间里,就有3名警察因为不堪忍受沃尔诺斯的语言攻击而调岗。而沃顿却成功地降伏了对方。

在两人开始聊天的时候,沃尔诺斯得意地吹嘘起自己无与伦比的"御男术"来:"知道吗?曾经有个男人,流着眼泪要跪下来吻我的脚,我先是把脚伸到他嘴边,然后猛地踹在了他的嘴上,那小子顿时就流血了,结果他还是说爱我爱得要死!"

"这是一种异化的恋物癖,泰德·卡其斯喜欢拍摄女人脚穿高跟鞋的特写,而安道尔·莫里斯则喜欢在干净的床铺上撒尿,因此我敢保证,那个男人并不是真的爱你。"沃顿说。

"滚开吧!少装蒜,你懂些什么!"

"抱歉那确实不是爱情,只是说那个男人爱上了爱情本身。因为你的拒绝否定了他的个人魅力,他不得不费更大的力气来取悦你。可以断言,你接受他的那一刻也正是他离开你之时。"

听完沃顿的话,沃尔诺斯沉默了片刻,她低下头去,有很长一段时间没有说话:"我没有读过什么书。"

"这与学识无关,判断一个人是否真心对待你并不需要深奥的知识。"

在此之后,沃尔诺斯并没有说什么,但是在随后的时间里,只要是沃顿前来采访,她都能够以诚相待,吐露真言。可以说,是沃顿用自己的学识和交流技巧征服了沃尔诺斯,最终打开了对方的心扉,使得两人之后的交流变得更加顺畅。

（4）人际交流的第四层——彼此相依性沟通

这是人类交流方式之中最为合理、成熟的阶段，巴克将它称为"常态交流"。从一定意义上说，彼此相依性沟通在FBI和犯罪分子之间出现的几率比较小，它更多体现的是一种办公室文化。因为谈话双方都会根据对方的言语来更换自己的交流方式，而最终的目的还是不会改变的。这一点在FBI内部非常突出，比如，在面对一个错综复杂的案件时，所有人都会提出自己的解决方案，并且根据别人的意见来修改具体操作路径，但是最终，大家的目的都是一致的。

可以说，在运用巴克的相依理论之时，FBI最需要的就是尽量避免警匪之间出现"假性相依沟通"的局面，因为这样的交流对FBI所要追求的结果没有任何正面作用。同时，"非对称性相依沟通"和"反应性相依沟通"是FBI在对付罪犯时运用得比较多的沟通方式。唯一需要注意的就是，在以上两种交流过程中，FBI特工需要占据主动地位。而最后一种"彼此相依性沟通"则更多的体现在FBI与同事、亲朋好友之间的交流，而且这是一种合理、健康的交流方式。

3
像FBI一样看清
人际沟通的"四堵墙"

可以说，在与人交流时，很多人都会遇到各种沟通障碍，而这些所谓的障碍会使人们之间的交流变得滞涩，因此只有推翻这些围墙，才能达到反应性沟通甚至是彼此相依性沟通的效果，而这也正是FBI特工们一心追求的。

首先，人际交流的第一堵墙就是因语言误读而带来的理解偏差。英国哲学家保罗·皮赛特说过这样一句话："所有悲剧都是由误会产生的。"这句话可以说是完美地诠释了人类之间的你争我夺。按照皮赛特的说法，一个持刀抢劫的罪犯，他也是由于表达不清楚自己"极度膨胀的占有欲"而选择了这个极端的手法。FBI特工在被正式录用之前都要经过严格的语言培训，而负责选拔的官员也都倾向于挑选一些能够灵活使用多国语言的人才。在弗吉尼亚的美国海军基地，每一位FBI新人都会被教授各种语言技巧，甚至包括一些不常见的小语种。当然，短短几个月的学习并不能使每一位FBI新人都能够熟练地应对各种危机，只有通过各种实践、磨砺，他们才能真正地成长起来。但是在海军基地里的这几个月，经过专业教官的指导，这些初涉江湖的

FBI特工们还是可以独立应对不少危机的。

其次，人际交流的第二堵墙就是因错误语言而带来的矛盾对立。什么时候该说什么话、哪些话该说、哪些话不该说，在FBI特工心里都是有一定把握的。虽然没有一个严格的规定，但是错误的言论带来的负面影响还是让不少人深受其害。可以说，一个小小的字眼、一句简短的回答，都可能成为人际交流中的障碍因素，甚至会产生难以逆转的结果。

再次，人际交流的第三堵墙是由于听众价值观、认识水平的不同而带来的交流障碍。同样的一句话，说给不同的人群，由于文化水平、价值观的不同，就会产生不同的效果，这一点也是每一位FBI特工需要注意的。纳瓦罗在担任桥牌教练时就发现了这个问题。当时，他同自己的两位朋友德玛尔·库西、拉萨尼奥·朱尔佩恩一起观看一场赌赛。库西是一名老赌徒，而朱尔佩恩是虔诚的牧师，对赌博知之甚少。

当时，纳瓦罗看见一名赌徒，面无表情，默默地投注，但是他的脚却在不停地左右摆动。纳瓦罗对朋友们轻声说："那个人就要赢了。"此刻库西显得有些激动，他看了看圆桌上面的砝码说："桌子上的赌注大概有两万美元，这下那个小子可赚到了！"而朱尔佩恩则没有什么反应，他说："既然有人赢，那么就会有人输。而当一个人输得精光之后，他就会犯下很多错误。"

作为当时的FBI特工，纳瓦罗可以从一个人的肢体语言看到对方的内心世界。两个朋友当中，库西因为嗜赌如命，听到某某人将要赢钱之后便满是嫉妒地说："那个小子赚大了"，而朱尔佩恩作为一名牧师，自然就会将这件事引申为魔鬼的导火线，他认为，凡是那些参与了赌局的人最终都会变质。

因此，在同别人交流的时候，FBI特工会非常注意区分不同听众

第四章
反应性相依沟通与彼此相依性沟通——
像FBI一样学会使用更专业的沟通技术

的价值观、人生信仰等。这不但可以打破人际交流之间的坚冰，同时也可以减少很多不必要的麻烦，而对于争分夺秒的FBI特工们来说，这无疑是非常宝贵的。

而人际交流的第四堵墙就是对于"妥协"和"退让"的把握。在FBI看来，很多人都以为自己是一个谦让的人，但是实际上，在生活当中，几乎每一个人都是争强好胜的，只是他们没有发现这个问题罢了。英国社会学家韦斯特·法尔曾指出："真正的谦让在人类社会当中是很少见的，而当人们按照自己的方式生活时，实际上他们就已经充满了攻击性。"

FBI特工在这一点上就做得非常到位，他们知道，在面对一部分顽固分子的时候，如果坚持强攻必然会招致对方的抵抗，而有选择地退避则更能打开一道严密的防线。在采访查尔斯·曼森的时候，雷斯勒就遇到了让他很不爽的事情。

当时采访已经结束了，雷斯勒站起来向曼森道别，但是曼森却坐在原地，一动不动。

"他看上了我的肩章，因为我的职位比较特殊，军衔比一般来访者高出很多，所以他想要把我的肩章留下来。同样监狱里面也有势力高低，那些可以玩转警察的人，会受到其他犯人的尊敬。"雷斯勒说道。

当然，军人的肩章是不可能摘下来送给别人的，所以雷斯勒果断地拒绝了这个要求。但是看到曼森心怀不满的样子，雷斯勒觉得，得罪了这样一个倔强、自负的囚犯对自己以后的研究是没有什么好处的。于是他将自己随身携带的一副老式飞行员佩戴的护目镜送给了曼森。对曼森来说，这同样也是一份非常珍贵的礼物。于是曼森非常满意地收下了这份赠礼，并把眼镜稳稳地戴在了自己的鼻梁上，冲着雷斯勒坏坏地一笑："非常感谢你，FBI，我觉得这个眼镜再合适不过了！"然而没过多久，狱警又将曼森带了回来，因为他们以为这个不守规矩的人又抢走了FBI专家的物品。而雷斯勒很快就澄清了这一点，被证明清白的曼森轻蔑地看了狱警一眼，便大摇大摆地回到了狱室。从此以后，曼森对雷斯勒也是另眼相看了。

其实，雷斯勒在与人交流的时候，就采取了一个适度的退让：当曼森向自己索要礼物的时候，他违背自己的意愿将一个珍贵的护目镜送给了对方。试想一下，假如当时雷斯勒说："抱歉，曼森，我不能将自己的肩章给你，我下一次再带些东西来给你吧！"这样，就等于是和对方作出了决裂，因为曼森会因此而耿耿于怀，再也不赴雷斯勒的约了。

因此，当我们在与别人交往的时候，一定要注意不要让自己太过强势，虽然表面上看起来妥协会对一个人原本的计划产生不利的影响，但是实际上，这是一种以退为进的绝佳方法。在历史上，那些不愿意放下架子同别人妥协的人，结局往往都很悲惨。当然，与人沟通，也要讲究方法技巧，如果只是一味地强硬或者是不加选择地妥协都会给对话双方带来额外的麻烦。

其实说到底，不管FBI同别人交流时会遇到多少堵"墙"，他们都会利用自己的优势将其一一击破，最终还是要使谈话双方走向"反应性沟通"和"彼此相依性沟通"中来。简单来说，在没有推翻这一道道围墙之前，美国警察和那些嫌疑人、普通百姓之间的交流都是"假性相依沟通"和"非对称性相依沟通"，很显然，这样的交流是存在问题的，只有人们冲破了束缚的牢笼，才能更好地了解彼此，不会造成皮赛特口中的"由误会走向悲剧"的结果。

4
帮助对方脱下铠甲才是
正确的反应性相依沟通

在FBI眼中，很多谈话者实际上都是"穿上了厚重的铠甲"的。所以，在和别人交流的时候，我们需要拆毁沟通双方之间的围墙，同时还需要脱下对方身上的铠甲，这样才能达到反应性相依沟通的目的。

1981年，美国明尼苏达州的圣保罗郊区发生了一起纵火案。35岁的乡下妇女玛丽·塞拉芬放火烧毁了自己的住宅，然后乘车去了60公里之外的圣保罗市，爬上了一栋大楼的楼顶，在那里坐了下来。而起火的时候，塞拉芬三岁大的孩子以及瘫痪在床的丈夫都被困在了屋子当中。当时的情况是，塞拉芬以为丈夫和孩子都在大火当中殒命了，但实际上，她的女邻居凯西在第一时间发现了火灾并报了警，火警及时赶到救出了屋子里面的大人和孩子，而房屋本身也没有受到太大的损害。

圣保罗警署立即出动了大批警察，包围了塞拉芬所在的大楼。但是问题的关键在于，塞拉芬不愿意和任何人说话："你们再往前走一步，我就从这里跳下去！"因此，谁也不敢激怒她，虽然有几个女警察试图靠近她，但是塞拉芬却愤怒地大喊大叫，还远远地冲着人群扔杂物。一时间，警方负责人没有了主意。后来，不知道有谁传出了塞拉芬携带着烈性炸药的消息，于是圣保罗警署立即发出申请，向FBI求援。

"我对他们说，我有把握安抚楼上那个人，"最终成功完成任务的FBI特工雷吉·桑托斯这样回忆道，"我仔细了解过整个案子的情况，相信她并没有携带什么致命的武器。"

为了表示自己的诚意，同时也为引起对方的好奇，桑托斯决定赤身裸体的去见塞拉芬。当然，这样的做法收到了不错的效果，塞拉芬看到一个浑身赤裸的中年男子向自己接近时，并没有表示出太大的排斥。

"我的名字叫做雷吉·桑托斯，是来帮助你的，"桑托斯说道，"我是一名警察。"

"谢谢你的好意，可惜我没有什么需要帮助的。"

"为什么这样说？你一定有自己解不开的矛盾，我有一个姐姐，她和你的情况很相似，她也喜欢站在高处吹风，这没有什么大不了的。"

"这不是吹风！"塞拉芬反驳道，"我马上就会从这里跳下去！"

"没有人怀疑这一点，我们知道你可以。但是这样做毫无意义，不是吗？"

"解脱就是意义，警察先生。"

"虽然我也常常这样想，但是却没有人认同这一点，生活中确实有很多烦恼。"桑托斯一边说着，一边慢慢地向对方靠近。可以看得出，塞拉芬已经不再排斥他了。

"这就是你想要表达的意思吗？"

"不，我来这里，是想要劝你回家。"

听到"家"这个字眼之后，塞拉芬陷入了狂暴之中，她大吼大叫起来："我没有家了！他们都完了！没有了！"

"去你妈的！"桑托斯也冲她喊道，"他们都还好好的，在医院里面躺着呢！"

此时，塞拉芬大叫了一声，呆住了。她想要纵身跳楼，但是桑托斯已经到达了可以抓住她的地方，他纵步向前拽住了塞拉芬的胳膊并最终将她制服了。只用短短八分钟，桑托斯就成功地制服了塞拉芬，令人称奇。

塞拉芬想要从高楼上面跳下去，这就等于是为自己穿上了厚重的铠甲，如果想要和她沟通、交流，那么就需要脱下对方的盔甲。当然，在这个过程中桑托斯也使用了不少技巧。

(1)示弱

其实，每一个人都有强烈的自我保护意识，这一点就像是膝跳反应那样不可避免。如果一方过于强势，那么另一方必然就会采取措施，隔离对方，保护自己。而这个措施，就成了所谓的"铠甲"。其中，桑托斯裸体登楼就是一种示弱的表现，事后他回忆这件事时说："我裸身上楼，一方面是要让她看见，我本人没有携带任何武器；另一方面，我看过她的档案，知道她的丈夫是一个残疾人……所以我也想色诱她一下，只要她多看了我一眼，那么我就有把握让她停在原处。"

从一个没有多少文化的农村妇女的角度来看，自己面前的每一个人几乎都是危险的，每一个未知的因素都存在着疑点。所以想要接近塞拉芬，就要将自己透明化，从而消除对方的敌意。

(2)站在对方的立场

桑托斯说的第一句话就是"我是来帮助你的"，这句话虽然不能取得塞拉芬的信任，但这却是必不可少的开场语。这句话原本就是为两人的谈话奠定基础的。假如桑托斯没有表明这个观点，那么塞拉芬很可能就根本不会理会他，甚至会因为对方的到来而直接跳楼自杀。

西班牙心理学家卡莱斯·范·普拉曾经说过："人是一种充满自恋情结的动物，他们排斥除了自己以外的任何事物。"按照卡莱斯·范·普拉的解释，当一个人伸开双臂拥抱别人的时候，其实这只是代表着他自己的需要，拥抱可以让他觉得更舒服，而不是说他不排斥别人。既然如此，人类本身就具有排外性，而如果我们想要接近一个人，那就需要缩减自己和对方之间的差距，站在对方的立场上认知问题。可见，桑托斯一开始就将自己和塞拉芬站在了一条线上，可以说是选对了阵营。

(3)利用相似点来拉近彼此间的距离

根据后来桑托斯的回忆，他并没有一个"和塞拉芬一样的姐姐"，之所以这样说，完全是处于拉近彼此关系的需要。在这里，桑托斯没有简单地用"Sister"这个词，他说的是"Old sister"。对此，法国心理学家康拉德·巴克斯特指出："人在受到类比的时候，糟糕的等同对象会让他勃然大怒，因为这个时候，受喻者是将自己和喻体连为一体的。"也就是说，当桑托斯说自己的"Sister"和塞拉芬有着很多相似之处的时候，她也就会在一定时间内，将自己假想成那个"Sister"。而此时，桑托斯尊敬地在"Sister"之前加上了一个"Old"，将她称做姐姐，塞拉芬也就同时感受到了尊敬。

FBI认为，一般的罪犯在自己穷途末路之际都偏向于寻找和自己有相似点的东西。因为这在一定程度上可以满足他们的安全需要，而且这一点也受到了理论支持：美国学者认为，军人们统一装束，一方面可以减少误伤，另一方面就是谋求心理层面上的安全感。所以，桑托斯在关系上拉拢塞拉芬，顺利地脱下了对方的铠甲。

(4)为对方寻找合理的借口

每个人都是有缺陷的，因此大家都会犯下一些大大小小的错误。

面对塞拉芬时,桑托斯说:"你一定是有什么解不开的矛盾吧?"不要小瞧这一句话,虽然在正常人听来,它完完全全就是一句假话,但是对于那些内心极度疯狂、空虚的犯罪分子来说,却好似看见了知音一般。可以说,为对方寻找借口是FBI特工惯用的手段,这一招可以有效地取得对方的信任,同时攻击对方的心理防线。

(5)迎合对方

当塞拉芬声称自己"马上就要跳楼自杀"之时,桑托斯的回应是"没有人怀疑你的"。FBI知道,很多人会用自己的生命来威胁别人,但实际上他们都站在一个纠结的悬崖边上,最好的处理方法就是,及时安抚他们,并且无条件地赞同对方。可以设想一下,假如桑托斯当时说"我相信你不敢从这里跳下去",那么塞拉芬很可能就会当场跳楼,从而证明自己"言行一致"。

其实不光是FBI,所有善于谈判的人都知道,如果想要使自己的言辞进入对方的大脑,那么主动迎合别人的观点是非常重要的,这样可以从很大程度上取得对方的信任,以便从侧面打击对方的心理防线,这样才能够顺利地脱下"对方的铠甲"。

(6)发出针对性的提问

FBI认为,很多犯罪分子都是因为自身受到了忽视而走上了犯罪之路的。塞拉芬最后也承认,自己纵火焚烧住宅,企图举家赴死就是因为别人的轻视。

"35年以来,这是我第二次来圣保罗。"塞拉芬后来说。

自身的弱势加上别人的歧视,极大地伤害了塞拉芬的自尊心。实际上,在听到对方的提问之后,继而发出疑问,正是脱离"假性相依沟通"的表现,因为在这个过程中出现了互动。心理学家认为,在谈话过程中,单纯的倾听并不是取得共鸣的最好方法,对方甚至会怀疑你倾听的真实性。要想让双方的交谈达到良好的状态就需要倾听者提出问题，这样就非常有效地证明了自己"听取了对方的意见"，并且还针对这个意见作出了反思，提出了自己的疑问。桑托斯在这个阶段就提出了两个疑问——"为什么这样说"以及"这样做毫无意义，不是吗"。这样的问话使塞拉芬极大地感觉到了自己的存在感。从效果上来说，提出针对性的提问可以将一次呆板的谈话由僵硬的"假性相依沟通"转变为"非对称性相依沟通"，甚至到合理的"反应性沟通"层次。并且，合适的提问实际上就是一种无声的赞美，听者在不知不觉中就会产生"师长"的感觉，继而得意地表述自己的意见。

(7)抓住关键点，可以更有力地除去对方的铠甲

桑托斯在了解到塞拉芬的个人信息之后，使用了刺激性极强的"家"这个概念。有了前面的一系列铺垫之后，桑托斯觉得时机已经成熟了，他完全可以在这个势头上作出最为致命的一击。于是，桑托斯说出了这几个字"劝你回家"。实际上，由于自己的行为，塞拉芬对自己的家庭深含愧疚。

"在当时的情况下，我想此时，'Family'或许比'Home'更容易刺激塞拉芬的情绪，于是我选择了第一种，"桑托斯回忆当时的情况说，"当时我看到对方在忽然之间濒临崩溃，于是我又非常大胆地呵斥她。而事后证明，我的选择是正确的，塞拉芬被我突如其来的暴怒震惊了，她愣了一秒钟，虽然时间很短，但是对我来说，足够了。"

确实，让塞拉芬最心痛的并不是她的房子，而是房子里面的家人。为了使自己的言语更加具备冲击力，桑托斯果断地使用了含有"家人"意味的"Family"，这让塞拉芬一瞬之间陷入了癫狂状态，同时他也趁机一举拿下了对方，完成了自己的任务。

可见，帮助对方脱下厚重的铠甲是非常必要的，而如何做到还需要我们认真揣摩和学习。

5
通过"非对称性相依沟通"来提升美国总统候选人的支持率

美国总统的选举采取的是"选举人"制度,每一位美国公民都可以投出自己的选票来遴选自己心目中的总统。FBI专家经过研究也总结出了总统候选人如何提高支持率,赢得选举的途径。

按照规定,"选举人"制度将总统大选划分成了两个层次。第一个就是"州内选举",这里实行的是"赢者通吃"原则,比如,纽约州有1600万人口,假如一位候选人得到了800万张以上的选票,那么就代表整个纽约州的"选举人票"都投向了他;第二个层次是"联邦选举",立法者制定出了538张"选举人票",将它们以州为单位,分配下去。人数多一点的州,手中的选票就相对多一点,比如,威斯康星州有400万人口,那么它就可以得到8张众议员票;而内华达州有150万人口,那么它就只能得到3张众议员票。并且每一个州都可以得到两张参议员票。

最后决定总统归属的还是这538张"选举人票"。当然,这样做也各有利弊。其中,好的方面在于它尊重了每一个州的权益;而负面影响就是,一位候选人,他可能赢得了60%的全民支持率,但是由于"选举人票"上处于劣势，最终会落败。也就是说，多数人支持的候选人不一定就能当上总统，关键还是要看谁能更多地赢得那些"州"。

所以，那些总统候选人不光要在人数上拉拢选民，同时还要注意最大程度地笼络那些州。而且，FBI专家们也对那些候选人的手法作过详细的研究。他们发现，所有候选人都会在大选来临之际出现在各个州、市，以拉近自己和选民之间的关系。在这个过程中，他们使用的交流技巧也值得注意。

老布什在拉拢选民的时候，往往会这样和对方交谈："你会参加下一次投票吗？"当得到了肯定的回答之后，他会非常高兴地说："太好了，我会记住你的。非常感谢！"不光是老布什自己，他还让自己的助手频频打出电话和选民们展开类似这样的交流。

FBI认为，这实际上是一种"不可拒绝的求助"，几乎每一位成功当选总统的人都使用过这种招数。另外，FBI专家的看法也得到了心理学家安瑟尼·格林伍德的支持，他认为：当人们被问到是否愿意做出社会所期望的事情来时，他们的回答都会是"Yes"；而假如这个"Yes"是在广场化情境中许诺的，那么为了证明自己言行一致，他就会履行这个承诺。可以看到，当那些选民在被问起"是否会投票"的时候，所有人都会情愿或者不情愿地回答说："是的。"而那一句"我会让所有人都知道的"，则是将这些人带到了无法回头的峡谷，投不投票已经脱离他们本体意愿的控制了。

当那些总统候选人没有和自己的选民接触之前，他们正处于最为呆板的"假性相依沟通"阶段，如果想要得到更多的选票，他们就需要扭转这种局势，使自己和选民的交流到达"非对称性相依沟通"的阶段。而FBI认为，老布什在拉拢选民的过程中，成功地运用了以下技巧：

(1)利用社会期许得到对方的承诺

人与人的单体价值观是有区别的，但是从一个整体的角度上来说，那些约定俗成的规则，每一个人都会极力维护。前FBI探员纳瓦罗就曾说过："每一个人作出的选择，实际上并不是百分之百都代表自己的思想，在这个过程中，每一个人都会受到社会因素的干扰。"也就是说，所有人的决定，其实都带有了其他人的影子。如果没有老布什的问话，那些选民有可能就直接弃权或者是投给其他人。但是当老布什笑眯眯地问："你会去投我一票吧？"所有人都不愿意让眼前这个人失望，于是回答了"是的。"这里，老布什本人就是"社会期许"，而选民们也因为不愿意违逆社会期许的意思，作下了肯定的承诺。

在抓捕内奸杰米·布伦迪的时候，FBI特工比尔·乔伊斯就曾演过这样一出好戏。当时，布伦迪对自己的危险处境还一无所知，正安心地享受自己的假期。FBI当局拟定的抓捕时间是在当天下午两点，正在紧张准备抓捕工作的乔伊斯拨通了布伦迪的电话："我和太太吵架了，杰米。"

"真遗憾……"

"我不想睡在办公室，你能帮助我吗？"

"没问题，你就住到我家里来吧！"

两个小时后，警察包围了布伦迪的住宅，成功地将这个奸细抓获了。事后，很多人都嘲笑布伦迪愚蠢及反应迟钝。但是实际上，是乔伊斯为他设计好了一个圈套将他束缚在了自己的家中，最后导致被擒的。当乔伊斯提出想要得到对方的帮助时，在"社会期许"的强制下，布伦迪根本没有办法拒绝这个要求。当然，乔伊斯的话语也带有很强的麻痹作用，这也是布伦迪没有事先逃走的一个原因。

(2)利用对方的心理弱点强化对方的承诺

老布什在听到别人愿意给自己投票之后，兴奋地声称"我会让所有人都知道的",实际上他并没有这样做。但是那些选民们却由此失去了退路,所有人都不想让自己成为言而无信的人,不管是不是心甘情愿,他们都别无选择。简单来说,这其实只是一个"面子"的问题,没有人想要让自己扮演言而无信的角色。但是在FBI看来,这其中还有更多值得注意的东西:选民们经过老布什的一番赞美,成了"好人",而且在他们脸上贴了金,从而使他们的自尊心受到了极大的鼓舞。假如此时选民们推翻了自己此前作出的决定,那么必然会遭到鄙视。而自信心膨胀的选民不能接受从天堂到地狱的落差感,这才是FBI特工最为关心的。

总体来说,美国总统候选人拉拢选民不是很费劲,而且也很少受到外界的制约。由于这种优越的可操作性使得它的上镜率非常高。FBI特工在同犯罪分子打交道的时候,也非常喜欢使用这种招数。但是需要注意的是,政客们使用这种手段并不是要达到人际沟通的"彼此相依性沟通"阶段,因为他们不能容忍选民们也随机应变并且坚持自己的看法。事实上,政客、FBI特工只要让交流达到"非对称性相依沟通"就可以了,他们需要坚持自己的观点,要改变的只是那些受到蛊惑的选民和嫌疑人。

6
FBI与原则相冲突时的处理原则

作为专业性极强的FBI，他们内部存在着非常多的规定和原则，而和规矩太多的人交流起来自然比较费事。在胡佛任职初期，常常会出现一些FBI特工扰民的问题。粗暴的农夫和蛮横的FBI特工你来我往，互不相让，这样很容易就形成了呆板滞涩的"假性相依沟通"。后来随着FBI的成长，这种情况也渐渐消失了，虽然人们对FBI蛮不讲理的处事态度依然耿耿于怀，但是总体而言，FBI在美国公民心目中的形象还是得到了不小的改善。这其中最为重要的就是，FBI们在原则性问题上的灵活处理使得他们提升了自身的社会认可度。

1989年，FBI接到消息说，费城杀人魔拉特鲁索·贝恩维西在缅因州的一个小镇上出现过。贝恩维西是一名退役狙击手，曾经面对13名地方警察的包围全身而退，可以说是一个非常熟练的罪犯。为了将贝恩维西顺利抓捕归案，十五名荷枪实弹的FBI特工组成了一个专门行动小组飞赴缅因州。

很快，训练有素的特工们在一片无人的旷野上围住了贝恩维西，但是罪犯却挟持了一名人质。

"给我一辆加满油的汽车，不然我就打爆他的头！"贝恩维西冲着警察大声喊道。

负责这次行动的特工是安德烈·弗莱，他站了出来，回应对方说：“冷静一下，兄弟，我知道你曾经是一名光荣的军人，我相信你所做的一切都是被动的。”

贝恩维西：“一切都已经晚了！现在我要一辆汽车，如果你们再多说一句话，那么大家就等着同归于尽吧！”

弗莱扔掉了手中的枪，向贝恩维西保证道：“没有问题！这里有三辆FBI的专用车，随便你挑一辆。”

贝恩维西挑中了其中一辆，还命令弗莱将其他两辆汽车的钥匙也交给了自己：“听着，FBI，把个人证件统统交给我，然后咱们友好分手，我会在40公里外的地方放走人质，你们去那里接他吧！”

弗莱顺从地将三辆车的钥匙都交给了贝恩维西，一同扔到他脚边的还有十五名FBI特工的个人证件。

由于找不到其他的交通工具，而且对方手里还有人质，所以贝恩维西就这样顺利地逃走了。但是功夫不负有心人，半个月后，FBI成功地将他抓捕归案并绳之以法。

其中，弗莱最大胆的举动就是将十五名FBI特工的个人证件全部交给了一个杀人不眨眼的恶魔。假如贝恩维西没有很快被抓获，那么这个举动将会带来灾难性的后果，FBI特工的证件将会成为贝恩维西杀人放火的帮凶。FBI高层对于特工信息的控制也非常严格，很多特工为FBI工作，而他们的配偶都不知道。可以说，弗莱作出了一个违背原则的决定。但是这样做也确实情有可原，因为贝恩维西确实已经穷途末路，如果不答应他的要求，那么他必然会开枪打死人质，而弗莱所做的一切都是为了保护人质。因为这一次特工信息外泄事件本身并没有造成严重的后果，而且弗莱本人也是为了救下人质，所以FBI高层并没有对弗莱的行为进行更深入的追究。

第四章
反应性相依沟通与彼此相依性沟通——
像FBI一样学会使用更专业的沟通技术

当然，生活中充满了很多规定和原则，按照原则来讲，规定都是为人服务的。但是很多时候，这些所谓的规定也会成为人们解决问题的阻力。因此，当现实与原则产生冲突的时候，如何对待原则，就成了人们探讨不息的话题。一般来说，当原则堵住了解决问题的通道时，人们应对的方法无外乎有两种：坚持原则或破例执行。

其中，弗莱的做法就等于是放弃了原则，这样虽然可以解决短时间、小范围内的矛盾，但是同样也会带来很多问题。假如罪犯没有很快归案的话，那么弗莱交出去的十五份特工证件就会帮助贝恩维西做下其他更为严重的案件。

但是，简单地坚持原则不松口，也会带来很多麻烦，比如，弗莱就只能眼睁睁地看着人质被一枪打死。其实弗莱还不算老练，事后雷斯勒在评价弗莱这次行动时指出："一名真正的FBI，是不会通过这样糟糕的妥协来达到自己的工作目的的。"也就是说，在原则和解决问题之间发生冲突时，我们应该巧妙地使用"迂回战术"。

当时，贝恩维西不允许所有人再多讲一句话，弗莱很识时务地顺从了这一点，当罪犯要求将仅有的三辆汽车的钥匙全部都交给他自己时，弗莱也这样做了。但是当贝恩维西想要扣押在场的所有FBI的证件时，他完全可以拒绝这个要求："对不起，我们执行的是一项绝密的任务，没有人会将证件随身携带。"

"为什么不这样说呢？"雷斯勒批评说，"当时我们已经答应了贝恩维西不少要求，答应给他车，还把所有的钥匙都交给他，保证他可以顺利脱身。我敢保证，如果当时弗莱这样说了，贝恩维西也不会过来搜查，因为他只有一个人。"

事实上确实如此，对于一个穷途末路的罪犯来说，他最想要的就是逃生，当时的贝恩维西就处于这样一种状态，他最渴望的就是一辆加满油的汽车，并且在他开车逃离后没有人可以追踪他。当这些条件都得到满足的时候,他看见了生存的希望,那么这个人也就没有理由再去杀死手中的人质,即使自己的其他条件得不到满足。可以说,在一开始同贝恩维西交流的时候,双方就处于一个畸形的"非对称性相依沟通"当中,弗莱想要将自己的观点施加到贝恩维西身上,但是这个陷入绝境的罪犯根本不愿意接受任何提议,这就导致弗莱被动性地改变了自己的意愿,而贝恩维西则依然我行我素。

随着谈话的深入,双方又到了"反应性相依沟通"阶段,两人都试图以对方的举动作为自己决策的依据,当弗莱看到贝恩维西的强硬态度之时选择扔下了手枪,而贝恩维西看出了弗莱的软弱之后甚至带走了十五份FBI特工证件。

可以说,弗莱在这次交流中一直都处于一种劣势。其实,朋友、合作伙伴之间发生了原则上的冲突,他们的交流应该是"彼此相依性沟通"的,即双方既要根据对方的观点来决定下一步走向,同时也要完整地叙述自己的观点及看法,这样就使得整个交流过程更加透彻明晰,进而找到解决问题的方法。而警察同犯人之间的交流,作为警察,就需要使自己处于"反应性相依沟通"或者"非对称性相依沟通"状态中。一方面,警察需要察言观色,洞穿对手的内心世界并且据此作出判断;另一方面,他们还要尽量使自己处于矛盾的强势地位,占据主动,迫使犯罪分子认同自己的观点与看法。

所以,当原则阻碍了问题的解决途径时,如果求稳、求眼前,那么我们就可以像弗莱那样选择牺牲原则来解决问题;如果既要解决问题,又不想为未来埋下隐患,那我们就可以像雷斯勒那样,采取迂回战术,先揣摩清楚对方"到底需要什么",随后再提出另外一个不伤害原则的解决方法来。当然,在有些时候,我们还需要对原则作一些"假性破坏",这就完全是一种麻痹对手、拖延时间的招数了。

7
FBI的沟通管理也是一个知识体系

　　FBI是一个非常讲求效率的团体，想要让自己的工作团队更加高效、运转更加灵活，就必须要建立一个完美的管理体系。假如没有合理的沟通，那么FBI外派的行动小组就会陷入一个单打独斗、各自为政的混乱局面。所以说，在组建工作团队时，FBI一定会为自己建立一个适于沟通的体系，从而最终达到上行下达的效果。

　　通常来说，想要建立一个有效的沟通体系，FBI会非常注重以下几个方面的问题。其中包括"零缺陷起点"、"单体任务分配"、"任务进程督导"以及"单体特工对于任务的反应能力"等等。

（1）零缺陷起点

　　FBI在组建自己的工作团队之前，可以说是一个"完美主义者"，外派的特工们都需要完全符合上级的意思才可以。而"零缺陷"对于特工的第一个要求就是"针对性"。比如说，处理美墨边境的毒品买卖时，他们至少会在15人的小分队中加派两名毒品专家；在打击流窜各地的杀人犯时，就会有一些专业的擒拿手出动。就像拯救落水者时，渊博的教授可能完全比不上中学毕业的渔夫。因此，要想让自己的团队更加高效，那么选择具有针对性的特工，实在是重中之重。而针对性人员搭配，从一定意义上也就意味着沟通双方脱离了呆板的"假性相依沟通"，可以想象，如果你的身边是一个完全听不懂自己说话的人，那么这将是一件多么可怕的事情！

1966年，亚利桑那州的菲尼克斯地方警署辞退了一名在工作当中产生严重失误的警察姆斯·费雷拉。其实这件事也不能完全怪费雷拉。当时，他在配合FBI特工执行抓捕任务，并且将窃听器安装在了犯罪分子的老爷车上，结果当犯罪分子驾车逃跑的时候，咿呀作响的噪音使负责监听的FBI特工束手无策，原来是费雷拉安装错误从而导致无法正常监听，这样，通过窃听器掌握对方犯罪信息、逃跑路线的计划也就泡汤了。假如费雷拉稍微有一点常识的话，他就不会选择将窃听器安装在一辆破车的排烟口下面，而当时选择让费雷拉去安装窃听器的初衷就是他和警方试图抓捕的罪犯有一面之缘，他完全可以用一个更加聪明的方式去安装那个窃听器。这次愚蠢的失误导致罪犯成功逃脱，而费雷拉自己也受到了警方的问讯，从此离开了警署。可以说，在工作中选择具有针对性专业技术的特工，是规避团队交流中出现"假性相依沟通"的基本法则。

此外，"零缺陷起点"的另一个要求就是针对特工本身素质的。但凡遇到比较重要的任务，FBI总是会派出最优秀的特工。可以说，每一位FBI特工的基本功都是非常突出的，他们会使用各种专业工具和交流手段。虽然说FBI高层每年都会招募新人来壮大自己的队伍，但是严格的入门条件还是可以保证每一位FBI特工都是万里挑一的。这些精心挑选出来的特工，可以在很大程度上保证FBI内部不会出现"假性相依沟通"的情况，相对而言，还是专家和专家之间的交流比两位没有学识的农夫之间的交流要顺畅得多。

当然，"零缺陷起点"强调的是团队组合的合理性，但并不代表绝对的完美。也就是说，在一定程度上，FBI外派的小组，有可能不是最好的，他们的成员可能没有多少经验也没有先进的技术工具。但是，就眼前的问题来说，这个特派小组就是完美的解决人。这有点类似于"杀鸡"的问题：宰鸡刀当然不是世界上最好的，但是它却是最合适的工具。

(2)单体任务分配

在团队管理方面，每一位成员的任务分配也需要非常合理，如果这一点做不好，那么就会很容易使团队内部的交流发生紊乱。比如，罗伯特·菲利普·汉森就是FBI历史上的一个污点，他向俄罗斯出卖了不少非常重要的情报，在2001年，他才被正式逮捕，而他出卖祖国的罪行已经长达16年之久。

其实，早在1995年的时候，FBI反间谍中心就怀疑过汉森，他们派出了两名特工罗伯特·哈里森和布兰顿·加戈拉尔暗中调查汉森，但是意想不到的是，哈里森和加戈拉尔在喝酒的时候吵了一架，而酒醒后依然互不相让。在此期间汉森又和俄罗斯间谍联系了一次，但是负责监控他的FBI特工却没有注意到这一点，而这次失误却又让汉森的罪恶行径多维持了6年！

可以说，有一个好的团队并不意味着任务的顺利完成，很多时候，我们都要注意，每一个受到分配的人是否能够将自己的优势最大化表现出来。而一次错误的任务分配很可能就会将团队内部的交流变成僵化的"假性相依沟通"。对于FBI来说，一旦出现这种情况，那么他们要想完成自己的任务几乎是不可能了。

(3)任务进程督导

作为一个团队，就必须要有一个共同的目标，而在完成这个目标的过程中是需要有人对其进行监督及引导的。因此，FBI的行动负责人就必须要承担起这个责任，不时地对整个团队的现状进行评估、预测以及设计。前FBI特工比利·布兰斯菲尔德曾说过："第一现场永远是千变万化的，没有人能够将它固定在一个既定的范围之内，对于我们来说，这才是最困难的。"在执行任务的时候，团队负责人需要根据局势的变化不断调整行动方向，随机应变，这就是所谓的"反应性相依沟通"。假如团队管理者对于局势没有一个确定的认识，所有人都处于一种闭塞的"假性相依沟通"当中，那么想要完成任务、抓捕罪犯，就真的需要神来帮忙了。

(4)单体特工对于任务的反应能力

任务的完成是建立在执行人的基础之上的，如果没有那些机智勇敢的特工，想要完成一项任务也是非常困难的。在一些特殊情况下，还是有很多人凭借自己的一己之力出色地扭转了局面，从而帮助自己的团队完成了任务。也就是说，在拥护团队至上的同时，我们也需要考虑单体特工的个人能力，尤其在个人英雄主义无限膨胀的美国社会，这往往能够决定整个事件的走向。

1974年，加利福尼亚州发生了一件重大的失窃案，3名惯贼趁着夜雨偷走了一座价值不菲的石刻雕像，由于在其他州也发生了类似情况，于是FBI介入调查。十天以后，警察和犯罪分子在一片荒原上直面碰撞，在交火过程中，窃贼的汽车被子弹击中，不能行驶了，但是他们成功地爬上了FBI特工们的汽车，一溜烟开走了。当场5名特工非常懊恼，但是现在最主要的还是尽快和当地警署取得联系，拦截窃贼。可是所有的通讯装置都在那辆汽车上，而车子早已经被罪犯开走了。当地离县城有5公里的直线距离，普通人步行至少需要90分钟的时间，这必然会使整个抓捕行动前功尽弃。但是一名叫做大卫·琼斯的特工站了出来，自告奋勇跑去报信："我可以在20分钟之内跑过去的。"

"这不可能，别瞎想了，大卫。"

琼斯没有多说一句话就去执行任务了，而他跑完这段距离只用了

15分钟，比现在的世界纪录只慢了3分钟。琼斯惊人的耐力和速度为警方争取到了宝贵的时间。最终，在地方警察的支援下，3名窃贼被顺利捕获。

可以说，那些超强的个体，在很多时候也能够对整个事件产生决定性影响。在有些时候，领导并不需要自己的下属能够完全听懂自己的意思，而只是按照他的吩咐去做就足够了，这实际上就是一种"非对称性相依沟通"。其实，在一个团队当中，并不需要所有人都能够准确地找到自己的定位，但是只要有一个人能够通过自己的能力使整个局势发生改变，那么他就完全可以用"非对称性相依沟通"的方式来对待自己的队友。假如琼斯当时还要向自己的队友解释、说服他们的话，那么他们就抓不到窃贼了。

可以说，在需要有人管理、组织的团队当中，也需要有良好的沟通，而好的管理者会从他的团队中剔除那些"假性相依沟通"的部分为大家建立起"反应性相依沟通"和"彼此相依性沟通"的桥梁。但必要的时候，单纯的"非对称性相依沟通"也可以起到非常大的作用。

第五章

正式沟通与非正式沟通——
FBI的秘密：注意沟通的场合很重要

　　FBI在不同的场合下需要不同的沟通方式，而正式与非正式沟通是FBI常用的两种沟通方式。其中，正式的沟通常常体现在正式会议以及在正式场合下进行的沟通，这种方式虽然有些时候不受FBI警探们的欢迎，但是这毕竟是一种不可缺少的沟通方式。而与此不同的非正式沟通方式倒是颇受广大FBI探员的喜欢，因为非正式沟通含有一种自由诙谐的趣味，当然，这也是FBI特殊工作性质的一种需要。

　　可以说，FBI所经手的任何案件都需要大量的沟通，并且FBI内部警员以及上下属之间也都需要合理的正式沟通与非正式沟通，而FBI则会根据情况的不同和这两种沟通方式各自的优缺点来选择沟通方式。FBI用自己的实际经验告诉人们，这两种沟通方式都非常实用，并且在各种场合下都可以进行有效的沟通。而在实际办案中，由于场合复杂多变，这就需要FBI运用非正式沟通的方式来解决问题以达到预期的目标。

正式沟通的形态

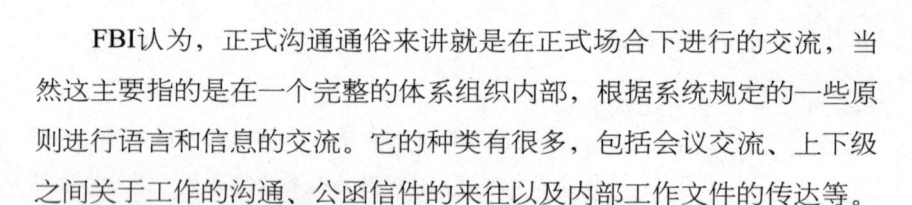

FBI认为，正式沟通通俗来讲就是在正式场合下进行的交流，当然这主要指的是在一个完整的体系组织内部，根据系统规定的一些原则进行语言和信息的交流。它的种类有很多，包括会议交流、上下级之间关于工作的沟通、公函信件的来往以及内部工作文件的传达等。

在FBI任何一个部门都有它正式沟通的方式，在工作上，大部分的领导者都把正式沟通看得很重要。FBI特别注重正式沟通，不管是在工作中还是在破案中，正式沟通都是非常必要的，而且占据着非常重要的地位。

那么，正式沟通的形式主要有哪些呢？FBI分别将其取名为链式沟通、环式沟通、Y式沟通、轮式沟通以及全通道式沟通。

首先，是链式沟通，FBI的相关研究者认为这种沟通主要指的是一个相对平行的网络两端各有一个人，而在这其中的人则能够分别与这两个人进行沟通联系，这就像是一个纵向的沟通脉络逐渐传递，在信息的传递过程中可以自上而下，也可以自下而上。当然，这样的沟通还可以是FBI的主管与下属之间的一个控制性系统结构，而一旦组织过于强大，还可以根据这种方式进行授权管理等。虽然这样很方便，但也有一定的缺点，那就是信息层层传递容易失真，而且对方满意的程度也会很低。

这是FBI在工作中常用到的一种沟通方式，而且这种方式也非常符合联邦警察在工作中与上司或者下属之间取得联系的方式，有很多的情报可以通过这种方式来传递，同时，联邦警察还可以通过这种方式来控制其内部的所属关系和任务分配等，因此，链式沟通在FBI管理上也是一种很有效的沟通形态。

其次，是环式沟通形态，它与链式沟通的区别在于自身比较封闭一些。在这种沟通中，人们可以依次进行相互之间的联络和沟通，每个人都可以和自己两侧的人进行沟通，由此就能够反映出FBI整体的姿态和高昂的士气，但同时也具有一定的弊端，那就是在这种沟通形态中，FBI领导人的主要力量很难显示出来。在FBI中，每个警察之间都有一定的伙伴关系和工作上的亲密关系，因为这样既有利于实现共同的协议同时也能够形成一个良好的风气和团结的氛围。

第三，是Y式沟通，这种沟通被FBI认定是一种非常核心化的沟通形态。这种沟通形态体现的是FBI领导者的秘书或者一般成员等一级接一级的纵向关系。而且这个沟通的网络比较集中，其中的决策者也十分重要，他面对的任务不仅繁杂，同时他还必须对下属进行有效的控制。虽然这样的沟通方式比较直接，解决事情和沟通的效率也比较高，但容易导致沟通信息的失误，从而影响整个团队的工作效率。

在处理案件时，联邦警察往往是以小组的形式出现在案发现场或者调查活动中，这样一来就会有一个组长来领导这些人，在沟通方面，基本上是组长一个人来决策整个事件的进程，而其他的成员则依照组长的吩咐去办事和调查，就这样形成了一个Y式沟通形态。然而有时候，组长的失误也会导致整个团队失误，因此这就要求组长的能力非常高，只有这样才不会出现沟通问题，不会影响办案。通常，这种沟通一般出现在案发现场或者是正在进行紧张安排的会议室中。

第四,是轮式沟通形态,它主要是一个具有控制性的沟通模式,即一个FBI领导者对几个部门进行权威控制。虽然这样的沟通形式非常专制,但是解决问题比较快速,只要一个命令就可以形成当即的沟通。即使看上去沟通的细节并不多,但这并不影响沟通效率,反而效率还非常高,尤其是在有紧急任务的时候,FBI领导者的严格控制能够起到有效沟通的作用。

1983年的秋天,在美国佛罗里达州发生了一起命案,一名叫做西蒙的男孩离奇地死亡了。这名男孩还不到16岁,由于家庭贫困只好在附近的咖啡馆里工作,可是这个长相清秀的男孩却在星期四的晚上离奇地失踪了,3天后人们才找到了他的尸体,但尸体已经残缺不全。后来没多久,在得克萨斯州也发现了一具小男孩尸体,同样是残缺不全。这两件事情非常严重,瞬间造成了当地很多同龄男孩的恐惧,大人们不敢让孩子出门。而得克萨斯州警方则打电话通知了联邦调查局,希望FBI能够协助得克萨斯州警察一起调查此案,但是当时联邦调查局并没有立即答应,因为这是一件离奇的案子,并且没有证据能够证明这个案子和别的州有关联。按照常理来说,联邦调查局有权利不参与,但是最后还是参与了此案的调查。此次的决定主要是由一次正式沟通决定的。

当时接到电话之后,联邦调查局的相关负责人就立即召开了会议,以对此案的参与与否进行沟通。当时负责会议的总长是老牌联邦调查局的警探维克多·哈伯德,他心里早已有数,此次FBI一定会参与此事,但还是要召开会议共同商议和沟通。于是一场正式的沟通开始了,当时,会上有一半的人认为联邦调查局不应该介入此案,因为这是一个地方案件,没有证据证明与其他州有关联,联邦调查局还是不插足最为保险。然而,还有一部分人认为应该涉入此案,因为这个案情异常残忍，已经给人们带来了很大的恐慌，FBI应该履行自己的职责，伸张正义。就在这时，老探员也是本次沟通的主角维克多·哈伯德作出了此次会议沟通的决定——联邦调查局接手此案并且立即展开调查。

在联邦调查局的大力协助下，两个月后，本案成功收场，其凶手是一位具有人格分裂且充满自卑心理的20岁的年轻人。为此，当地警察十分感激联邦调查局的及时援手。可以说，这种轮式的沟通形态还是非常重要的，要不是维克多的决定，也许联邦调查局就不会插手此案了。

第五种，是全通道式的沟通形态，这种沟通形态相对以上四种正式沟通形态来讲算是比较开放的沟通形态了，因此，相对比较多FBI还是习惯采用这种沟通方式。在这种沟通形态中，各个成员之间都可以互相畅通地沟通、讨论和探究，也比较自主和自由。这种沟通形态能够显示出合作的气氛和精神，对很多的问题尤其是比较复杂的事情都能够比较好地解决，这样也能够加强FBI成员之间的理解和相处，有利于整个团队的团结和合作。总之，这是一种比较有成效的正式沟通，但是它也有缺点，那就是非常浪费时间，因而极其容易影响到FBI工作的效率和进度。

办案的过程中，有时候FBI就会针对某个案例或者主体召开相对自由的分析和沟通会议，这是属于很正式的一种沟通形态，但是过程却极其轻松和诙谐，每个人都可以发表自己的想法，对案例进行分析或者是提出自己的观点，这样就能够取得一定的成效，从而有利于办案。可以说，联邦警察们惯用这种方法，因为这样会使他们内部显得比较民主和自由，而这种沟通方式也不会让人感觉很累。

以上就是FBI在正式沟通中的几种主要的形态，当然在不同的场合会有不同的沟通形态。在FBI看来，沟通形态十分重要，因为作为一个FBI来说，需要面对各种各样的案例和情报分析，而在分析中最常用到的就是沟通。不管是与犯人还是与上司和领导者之间的沟通，正式沟通都是非常重要的一个环节，而这些联邦警察们因为工作的需要也都具备着各种高超的沟通技能来对付现实和工作中的种种出其不意的情况。

2
FBI教你在不同场合下的正式沟通术

FBI认为正式沟通的方式和形态虽然有很多，但是在不同的场合就会有不同的情况发生，比如，有时候事情非常突然，有时候场合比较沉闷等。尤其是作为FBI的警察们，每天面对的情况非常多，办案的时候要与犯人进行沟通，工作的时候要与领导和同事进行沟通，这在很多情况下都属于正式沟通，有时候场合变了，但是原则不会变，这就需要FBI在不同的场合下具备不同的正式沟通的技巧。

FBI正式沟通的目的是想要让对方明白和清楚自己想要表达的事情，尤其是在工作中，要达成一定的共识或者是找出一个合理的新方案，这样一来就需要正式沟通。而作为FBI，还会与犯人进行沟通，沟通中有时候是正式的，有时候是非正式的，但是目的都是使对方能够说出事情的真相以及使警察找出案情的线索等，这就需要FBI通过高超的沟通技巧来做到。

首先，是在开会的时候，这种场合下一般都是在FBI工作中内部成员与领导者之间的会议，属于非常正式的一种沟通，FBI在这其中也有很多的沟通之道。有时候在开会的时候，FBI的领导者向在座的成员下达一个命令，但是有时候成员们不同意却又不能明目张胆地说出来。面对这种情况，联邦调查局的警察们通常会采取一种理智的辩论方式，如果上司说出的命令或者主张不足以使大家满意，那么成员们可以轮流地说出自己的意见和建议，并且每个人拿出一个方案，最终选择一个新的解决办法，这就是FBI在开会时的正式沟通技巧。当然，FBI领导者肯定是非常开明和吸纳贤言的人，只有这样，才会使沟通既正式又不显得生硬，而且还达到了真正沟通的目的，FBI的历任局长以及副局长大都是这样的领导者。

其次，就是在迎接贵宾的时候，FBI认为这种情况是属于非常正式的一个前沿和开篇的沟通，这时除了需要具备社交上的一般礼仪之外，还应该注重FBI自身的素质。针对一些社交礼仪，只要稍加用心学习就可以掌握，但是主要想做到从自身素质上赢得贵宾的喜欢就绝非易事了，主要是看自己平时的积累和个人修养。

查尔斯·伯德是FBI加州信息资源部的一名小职员。一天，来自华盛顿总部的助理局长手下的一名官员因为一桩案子突然来到了加州，而当时，加州联邦调查局的主管威尔·克顿协同几名主要的负责人去了别的地方进行破案，匆忙之下只得派查尔斯来接待这位上头来的贵宾。查尔斯只是信息资源部的一名小职员，一般来讲，平常都是在后勤或者行政部门待着的，根本就没有机会走到幕前接待总部的人，而且信息资源部一般不会亲自接理案子。虽然查尔斯喜欢那些外勤人员，也几番向自己的上司请求调到外勤，可是没有一次是成功的。这次总部的人来到了加州，查尔斯决定利用这次机会来给自己找到合适的位置。查尔斯自知这次接待是他第一次迎接总部来的人，于是他作好了充分的思想准备，他把那些管用的社交礼仪都学会了，但是他总觉得总部的人来到加州肯定不是为了这样的一个社交仪式，于是，他决定用自己的修养和想法与这位来自总部的人进行交流和沟通，以此使对方感受到他的热情及理想。

后来，这名总部的警官来到了加州，果然气宇不凡，查尔斯一眼就看穿了这个英气逼人的警官，于是查尔斯在使用惯用的社交沟通礼仪的时候，还热心地与这名警官聊一些关于案子上的事情。查尔斯是信息部的人，自然对大大小小的案子都有一定的掌握，于是他们越聊越投机，查尔斯把自己对总部最近关注的案子进行了阐明和分析，这名官员完全被这个小小的信息资源部的员工打动了。于是，趁着这次机会，查尔斯把想要做外勤专员的想法告诉了警官。令人感到意外的是，这名警官不但没有思考反而当时就同意了，并且还要把查尔斯带到总部去亲自培养，事实证明查尔斯后来真的成为了一名出色的外勤执行任务的警探，这就是正式沟通中含有的个人技巧，要自己慢慢地体会和思考才能够真正实现沟通的目的。

第三，是公函的沟通。众所周知，FBI在工作中会经常使用信函进行交流和沟通，比如现在发达先进的电子邮箱或者留言等，这样的方式也算是正式沟通的一种，这基本上不需要FBI设定一定的场合，但是沟通却十分正式，通常都是联邦调查局总部发下来的通知或者机密文件等。

FBI认为，在信函中要注明自己的言论行为、会话的理论和意义以及常用的礼貌用词等，因为只有掌握了这样的技巧才有利于达成协议，同时还能促成双方建立一定的信用度。

第四，桌面上的纯粹沟通，FBI认为这是一种面对面而且比较直接的沟通方式，这种沟通方式主要表现在同事之间在工作上的相互沟通以及FBI上司与下属之间的沟通。如果只是同事之间的沟通，那么FBI以自己的经验告诉人们要打破那种生硬的局面，制造点幽默和诙谐，好让沟通继续下去，因为沟通的主要目的就是为了能够使工作上的事情在桌面上一次性地拿出一个合理的方案，而不是因为僵硬的局面或者彼此的固执而达不到满意的效果，所以，适当地制造一些小插曲缓和僵硬的局面是这种沟通最好的技巧。

还有一种就是FBI上司与下属之间的沟通，关于工作上的事情或者升职降职等，都算得上是正式的沟通和交流。在这种情况下，就需要避免出现等级问题，不要总是把自己看成是高高在上的领导者，要建立一种和谐平等的氛围和关系，只有这样，才会使沟通更加融洽和协调。

在FBI中几乎所有的工职人员都能够做到这一点，不管是内部行政或者资源部门的员工，再或者是外勤的警探和情报人员都能够很好地在正式沟通中做到极致，这也是为什么FBI在美国情报部门能够长盛不衰的原因。可以说，一个良好的正式沟通能够使员工之间合作愉快，一个和谐的正式沟通能够让员工在做事情的时候有条不紊，一个有质量的正式沟通能够全面地提高一个团队甚至是整个联邦调查局的工作效率。

由此可见，FBI注重在任何场合下的正式沟通，不管是对个人还是对整个团队来说都是非常重要的，不同场合下的正式沟通有各自不同的意义，而只有把握不同的沟通技巧，才能够达到正式沟通的目的。

3 非正式沟通的魅力

在生活或者工作中，除了那些正式的沟通之外还有更重要的一种沟通方式——非正式沟通，尤其是在生活中，FBI与同事、朋友，甚至是家人之间都无时无刻存在着非正式沟通。FBI认为，非正式沟通不会显得那么枯燥和生硬，也不会产生尴尬的局面和被动的接受等问题，反而有助于FBI成员之间彼此更加了解，更加尊重对方，从而使沟通效果更加明显和卓有成效。总之，FBI认为非正式沟通具有一定的魅力，联邦警察们在日常生活与工作交流中不得不需要它。

大部分FBI的工作人员都有自身的魅力，因此在沟通中，尤其是在非正式沟通中散发着一种幽默且成熟的、大方且从容的魅力，使人们无法抗拒这种非正式的沟通方式。

非正式沟通虽然不像正式沟通那样正式和严格，但是这种沟通方式对FBI来说却是非常重要的。另外，FBI认为，以往很多国家或政府机构等极其缺少这种非正式的沟通，那些保守的政府机构的沟通方式大部分都是正式僵硬的被动形式，因而沟通的效果往往适得其反。在FBI看来这主要是因为一些政府机构根本看不到非正式沟通的魅力所在，也体会不到非正式沟通的效果。

也许很多人会说非正式沟通不能快速且严格地达成沟通的目的，FBI认为这种说法并不准确，反而觉得非正式沟通相对而言更容易解决问题，尤其是解决一些在正式沟通方面不能达成的问题，在遇到那些涉及到情感、生活以及工作的问题时，非正式的沟通往往比正式的沟通更有效。在这方面FBI非常有经验，因为他们已经做到了重视非正式沟通的魅力，并且正在不断地加以运用。

其实，FBI在一开始的时候也不太注重非正式沟通，FBI的领导和员工之间的等级制度非常严明，领导严肃，普通警探只能在私底下放得开，进行谈笑风生的沟通。后来这一现象被时任FBI局长助理的阿道夫·霍克发现了，他通过观察发现非正式沟通更能够与这些员工们交心，使他们真心地为自己办事；于是，他把这种沟通方式带到了工作中，并且很快就被人们接受和认可了。后来，FBI纷纷用这种非正式的方式来进行沟通，果然取得了很大的成效。

联邦警察认为，一个良好的非正式沟通要比一个甚至是几个正式沟通更有效，这也是他们在工作经验中总结出来的，那么非正式沟通到底有哪些独特的魅力呢？

首先，FBI认为，非正式的沟通不会使人们的心理产生太大的束缚和压力，当然，有效的正式沟通也能够达到一定的效果，但是有时候过分的正式沟通会带给人们很大的压力。抓住了下属的这种心理之后，作为上司就会懂得运用何种沟通方式来与之沟通，这时，非正式沟通就会发挥它的作用。另外，非正式的沟通交流还可以使下属增加自信心，这样也利于在工作中提高效率。

可见，非正式沟通一样可以解决工作上的问题，而且比正式沟通更容易获得员工的心，面对这样的沟通方式有哪个FBI的领导者能够抗拒呢！

其次，非正式沟通的传递速度让FBI很是佩服。非正式沟通不会

第五章
正式沟通与非正式沟通——
FBI的秘密：注意沟通的场合很重要

像正式沟通那样严肃和隆重，在时间上也没有限制，因此，利用这种方式传递信息的速度会比较快，而且可以随时随地进行。而在正式沟通中作一个决定或者是达成一个协议往往需要很漫长的过程。

FBI的老探员雷蒙·斯托克做了一辈子的警探，破案无数，在FBI中可谓是元老级的人物，光他的助手就已经换过不下10位了。像这样一位老探员，按理说，对待自己的助手应该是十分严肃的，而事实上却恰恰相反，雷蒙经常跟这些年轻的助手一起去喝酒、跳舞或者是参加聚会。并且在这些聚会上，雷蒙会向助手旁敲侧击地传授很多识人、看人的方法，在娱乐的过程中还有效地促进了沟通，这就是FBI包括雷蒙善用的非正式沟通方式。

除了传递信息比较快速之外，非正式沟通还可以传达在正式沟通中不便传达的信息，这也算是非正式沟通魅力的一部分，有时候在正式沟通中不方便把一些琐碎或是稍微有些八卦的事情拿到桌面上来讲，于是非正式沟通就成为了这其中的一个桥梁，这也是每个FBI都喜欢的一种沟通方式。

再有就是，非正式沟通不受时间和场合的限制，这一点要比一般的正式沟通更有魅力，也更能吸引FBI的工作人员。通常，一个正式的沟通需要在事件上提早安排，在场合上也需要十分注重，而且不同的场合会有不同的约束，因此正式沟通显得很复杂而非正式沟通就没有这一切的复杂和繁琐，同时也没有限制。因此，在很多时候FBI都会使用非正式沟通方式。联邦调查局每年甚至是每季度、每月都会经历着种种复杂状况的案情，针对这些案例，也为了早日找到线索，FBI往往会展开一系列的讨论和沟通，而外勤的办案人员甚至还会在现场就案情进行沟通和交流。这种可以随时随地沟通的方式使得办案效率得到了很大的提高。

除此之外，FBI还认为非正式的沟通在达成共识和获得支持的概率上更大一些，这样的沟通方式本来就比较容易让人接受，如果沟通的效果非常好，那么达成共识就非常容易。FBI的警察们很清楚这一点，所以他们不管是在开会的时候还是宣布一件重大事情的时候，都会用非正式的沟通方式来进行，比如，FBI的组织人员经常会说这样一些幽默的开场白："绅士们，小姐们，请把你们手中和情人正在讲话的电话机放下，我们来开个家庭会议"又或者是"噢~有请我们可爱的局长大人给家族成员们讲话"等，这都比较容易获得人们的心。这样一来，人们就不会有压力也不会有被束缚的心理，反而会畅所欲言，每个人都可以发表意见，从而最终达成共识，促进事情的顺利进行。

总之，非正式沟通在FBI看来要比正式沟通更容易让人接受，而且这种沟通方式更能够弥补正式沟通的不足，从而有效地提高做事效率和赢得人们的支持，这就是FBI喜欢非正式沟通的原因，同时也是非正式沟通自身魅力的所在之处。

4 非正式沟通是促成成功的润滑剂

在FBI看来，一种好的交流方式不管是在工作中还是现实生活中都是一种核心，即在工作上是管理维护同事之间关系的一个核心，而在生活中则是处理好朋友之间、家人之间等一切现实问题的核心。沟通贯穿在整个FBI的发展之中，也贯穿在人们内心彼此交流之中，因此沟通的力量不可忽视，这种看不见、摸不着的思维相处之道和交流方式在FBI的工作与生活中起着非常重要的作用。可以说，沟通是促成事情成功的润滑剂。而且，润滑剂也是需要选择和保养、维护的。

事实上，非正式沟通算得上是一种极品的润滑剂，因为FBI认为它物美价廉且自身充满着无限的魅力，而人们从心底也喜欢运用这种润滑剂，往往事情的成功都是通过非正式沟通达成的，这也是FBI在多年沟通讲演中得出的结论。

在很多情况下，很多人的思维方式、文化风格、价值取向等都存在着很大的差异，而针对这些差异就需要沟通，往往非正式沟通更能让人接受。面对不同文化差异的几个人，如果坐在一起进行严肃的沟通，可能会适得其反，会造成更大的差异和陌生感。所以，从FBI心理学上讲，这种正式的沟通是没有太大的效果的，而非正式沟通产生的效果则截然相反,也更容易达到沟通的效果。

当然,FBI也很注重沟通的场合和质量,为了取得良好的沟通效果,FBI往往会通过非正式沟通来进行交流,这一点尤其体现在工作中。然而在警察这一行中,大多数的沟通都指的是与犯人之间的沟通,而沟通场合也只能是在监狱或者是嫌疑人经常出入的地方。这样一来,警察就会毫无疑问地选择快速便捷的非正式沟通方式来与之进行交流,可以说,非正式沟通就是FBI与嫌疑犯之间交流的一个润滑剂,因为FBI深信,在非正式沟通的过程中那些人要比在正式沟通中更容易敞开心扉,从而说出心中的想法。

1968年,在美国的俄勒冈州发生了一桩命案,联邦调查局以最快的速度接管了本案并且付出了大量的人力物力,最终在两周后破了此案。然而令人意外的是,杀人凶手竟然是伪装得十分严密的九岁的小凯莉。小凯莉是死者的女儿,联邦调查局的人最先介入此案的时候根本没注意到这个小女孩,并且还安慰小凯莉不要因为爸爸的死而伤心。其实在整个破案过程中,是警察丹佛·里德与小凯莉的一次非正式沟通起到了关键的作用。

当时,警察出于责任和细心把与死者有关的人都进行了一系列的询问和沟通,当然,都是非正式的沟通,因为FBI的心理学家早已对这种类型的沟通进行过非常有效的研究,所以联邦警察大部分都会采取一种非正式的沟通方式和对方交流。当然,对一个孩子来说,更应该进行一个非正式的沟通,这样才不至于使孩子陷入一个悲痛而紧张的状态中。丹佛在与小凯莉沟通的过程中整个气氛都是非常轻松的,丹佛一直在与小凯莉谈论别的事,丝毫不谈及死者也就是凯莉的父亲,但是小凯莉总是询问关于自己父亲身亡的一些事情,甚至一直追问:"警察叔叔,你们抓到杀害我爸爸的凶手了吗?"而且问得越来越频繁,于是丹佛打开了关于她父亲的话匣子。后来丹佛就用话语步步

第五章
正式沟通与非正式沟通——
FBI的秘密：注意沟通的场合很重要

逼近小凯莉，并且发现小凯莉有些不寻常的反应，于是丹佛的语调又变得缓慢，最终慢慢地、一步一步地引导着小凯莉继续讲关于自己父亲死亡时的情况，后来小凯莉全部和盘托出了。

原来，丹佛早在之前就从别的相关人员那里打探到了关于小凯莉与父亲的关系以及死者死亡那几日小凯莉的不寻常反应等，所以丹佛是早有心理准备才与小凯莉进行沟通的。而在这次沟通中，丹佛完全运用了一种非正式的沟通方式来与小凯莉进行有效的沟通，最终使小凯莉说出了真相。这就是FBI在与嫌疑人之间惯用的一种沟通方式，这种非正式的沟通就像是一种润滑剂，能够非常有效地达到交流的效果。

有时候，FBI因为案情会与其他的部门或单位进行合作，不管是从国家利益还是人民利益的角度考虑，这些部门都会积极配合的，但是如果想要对方敞开心扉更加真诚地和联邦调查局合作，那么，就需要非正式的沟通，这样才能够打开对方的心扉从而达到更好的效果。

FBI在多年前就曾经因为一桩公案与艾奥瓦州当地的一家大型汽车企业进行过合作，但是在此之前，FBI从未涉足过这家企业，因此，双方的陌生感很浓烈。后来，FBI发去了正式的信函并且约定在当地的一家高档酒店会议室里进行正式洽谈。然而，整个沟通的过程都十分拘谨，因为联邦调查局的地位原因，整个会议好像是联邦调查局在下命令一样，这令对方的负责人表现得非常谨慎，连说话都小心翼翼的，虽然最终达成了共识，但是彼此的心中都有很强烈的陌生感和不信任感。

而事实也证明了FBI的调查工作并没有那么顺利。由于吸取了这次的教训，后来再有类似的合作时，联邦调查局都会改变沟通方式，特地找到一些非正式的场合进行非正式的沟通，比如，在咖啡馆以朋友的身份巧妙地沟通合作，或者是在高尔夫球场边娱乐边商谈合作。

这样一来，联邦调查局就很容易得到对方的真诚和信任，双方之间的距离被这种非正式的沟通越拉越近，因而也就有效地缩短了双方因为陌生感而产生障碍的时间，当然接下来FBI的工作也就会越来越顺利。可以说，联邦调查局有效地利用了非正式沟通的润滑剂的作用，从而在工作上表现得越来越出色，被人们称为"美国联邦神警"。

之前，FBI有一位著名的心理学家布莱克先生把在工作中的沟通归结为五种模式：接受、妥协、圆滑、强制和撤退，在这些模式中应该根据自身的特点和对方的心理选择合理的沟通方式。另外，心理学家还指出，该妥协的时候一定不要固执己见，而该撤退的时候也要撤退，只有这样才能够使对方感到真诚和信任，而一旦采取的方法不对，就会很容易造成双方关系的紧张和拘束，十分不利于以后的工作，同时还会给对方留下一种不好的印象，会更加不利于工作的开展。

FBI认为，非正式沟通不仅能够避免这些问题的发生，还能够使彼此之间增进了解，因为人与人之间一旦有了交集，那么更多的了解和认识则是对彼此的一种更好的尊重，同时也是使两人成为亲密的合作伙伴的前提，而非正式沟通恰好能够做到这一点，尤其是在非正式的场合下。

而事实也证明，非正式的沟通确实是沟通中非常有效的方法。FBI告诉人们，在洽谈过程中要想达成共识和合作，那就选择非正式沟通方式，因为这种方式是一种润滑剂，是连接彼此的桥梁，同时更是穿越陌生和化解紧张的最佳良药。

5
FBI教你非正式沟通的技巧

FBI在非正式沟通中一般都处在一个非正式的场合中，他们认为这样的场合往往是很自然的、现场是很轻松的，在这样的场合中沟通之术就不会显得那么严肃和压抑。相信大多数的人们都经历过那种在压抑的办公室或者会议室里进行一些非常正式的枯燥乏味的沟通，有了这样的经历，就会更明白非正式沟通的优点。

当然，在非正式沟通中也要注意一些技巧和方法。FBI认为只有掌握在非正式场合中沟通的技巧，才能够使沟通更加有质量。

FBI的非正式沟通充满着随意性和灵活性，它不仅能够满足对方的需求，还能够弥补正式沟通存在的缺点，并且整个过程充满了随意性，因此，它并没有固定的一种方式或技巧，但是FBI建议在非正式沟通中也需要注意以下几点：

首先，在想要弄清楚对方问题的时候，要用询问的方式，切记不要用命令的口吻。这一点主要是针对职场中的一些人而言的。FBI认为，在办公室中，领导者也就是上司经常会用命令的口吻与下属进行沟通，殊不知，这样往往得不到好的结果。对此，美国FBI的心理学家雷德用自己多年的心理研究经验告诉人们，在职场中对自己的下属要尽量用询问的方式。但是大量的管理者都不会在这个问题上花费时间，他们总是一副命令的口吻向下属下命令，而且还理所当然地认为下属就应该听从这样的命令，而他们并不知道下属心里的真实想法，可想而知，只控制着对方行为的人是不会得到对方真心的支持和信任的。其实，FBI的领导者一般都用询问的方式与下属进行沟通，这样比较容易得到对方的真实想法，而且下属身心也会感受到舒适。比如，他们有时会轻轻地拍打对方的肩头以表示信任，这样下属便会得到很大的安慰和鼓励。如今，FBI的这种对下属的做法也已经被广泛地运用到其他的领域了。

其次，FBI认为在沟通的时候一定要避免无聊的泛泛之谈。具体来说，主要是要注重谈话和沟通的目的所在，抓住沟通的目的并且围绕这个目的进行谈话。虽然是非正式的沟通但也不能泛泛而谈，因为这样会使对方很反感。尽管在非正式沟通中可以针对一些个人问题进行谈论，但是也要讲究一个度。FBI在与别人沟通时，虽然通常会谈及一些个人的兴趣爱好等问题，但是这些一定都是与此次调查的目的和主题有关的。此外，FBI还建议要找到对方的弱点，主动出击，这样才能获得更多的信息。

第三，FBI建议在沟通的态度上一定要平等对待。在沟通中，不管是家人之间、朋友之间、同事之间还是上下属之间最重要的就是要平等对待。在正式沟通中，这些关系很容易就浮现出来使彼此之间一开始就身份明确，自然有很多事情就无法进行愉快的交流。一般来讲，人们与自己身份或者官职相同的人进行沟通一般情况下都会显得十分轻松和自然，而一旦与自己职位高的人进行沟通就会显得十分紧张和被动，说话也会谨慎小心同时内心还会产生一定的自卑心理。当然，在与比自己身份低的人沟通时往往会表现得很自信甚至有时候还会比较放肆。然而，这些行为是不会发生在FBI身上的，因为，FBI早

第五章
正式沟通与非正式沟通——
FBI的秘密：注意沟通的场合很重要

已消除了这些职位和身份上的隔阂，做到了真正的平等对待。

可以说，FBI在说话的语气、语调、表情和动作等方面的细节变化都需要人们好好地去揣摩和练习，因为只有这样无拘束的沟通才不会影响到整个沟通的质量，同时也会使下属自然而然地向你看齐和靠近。

世界著名的谈话艺术家菲尔特曾对非正式沟通中平等态度这样评价："你应该时常说话，但不必说得太长和繁琐。少叙述故事，除了真正贴切而简短之外。当然，和人谈话的时候，也要注意态度。切忌妄自尊大，平常的那些严格的话要避免争论。谈话最好要一般化，勿作自我宣传，把自己捧上天去。另外，外表要坦白而率直，内心要谨慎而仔细。"

FBI认为平等的态度首先表现在语调上，在沟通的时候说话的语调其实要比沟通本身的内容还要重要，在语调中潜意识地反映着说话者对对方的态度。语调在沟通中主要表现为说话声音的大小、高低以及快慢等，这些方面都代表了说话者的情感表达，这样的形态不但在很大程度上加强了沟通的有效性，还能够更好地促进双方之间的了解和对内心的把握。比如，FBI的一位上司想让一名下属加班处理一些未完成的事务，但是这名下属回答的声音却很小并且语调也控制得很低，那么上司就应该立刻看得出这名员工是不乐意加班的，因此只有通过进一步的有效沟通才能更好地让下属完成工作。

再有，就是在非语言沟通方面，主要体现在动作和表情上。在非正式沟通中由于场合的不同，非正式沟通的方式也就不同，FBI的警探有时候会需要暗示或者是借助身体上的语言动作等来与自己的同事进行沟通。在很多场合下，一个动作或一个姿势都要比语言更富有含义。

另外，就是称呼，FBI认为在称呼上的学问也算是沟通的一个基本方式，FBI可以直呼同事的名字，这样工作起来会比较方便同时也便于沟通。联邦调查局情报部门的老牌间谍奥利弗·斯特林是非常受欢迎的，虽然他的地位非常高，但是他也喜欢交朋友，更喜欢手底下那帮年轻的小徒弟们。他每次去总部的办公室，都会大声地喊一声"金牌间谍斯特林先生在此！"而人们也总是会嬉笑着跟他开玩笑。比如，一个后勤部门的小秘书都可以这样说"奥利夫，您消失的这些天，您太太可是没少来找您，您是不是在外面有新欢了？"这样的玩笑和沟通方式已经成为办公室里面固有的形式了，可想而知，这种形式很容易就拉近了彼此的距离并且消除了陌生感，从而使沟通变得更有价值。

总之，非正式沟通就是为了能够取得一个愉快的沟通效果，而只有做到以上几点，才可以使沟通变得更加轻松和自然。

6 充分利用非正式沟通的契机

"一个好的非正式沟通能够代替10个正式沟通。"这句话出自FBI反恐部副部长狄更斯·雷克之口。也许这种说法过于夸张，但是FBI认为非正式沟通确实有它独特的魅力，况且非正式沟通最主要的目的就是弥补在正式沟通中缺少的那些东西，比如轻松、自然和愉快。可以说，无拘无束地进行沟通是每个人都想要的，而非正式沟通就能够很轻松地做到这一点。因此，FBI也非常注重非正式沟通。

警察的职责和工作本身就与沟通有着千丝万缕的关系，调查每件事情需要沟通，审讯每个犯人需要沟通，在分析案例或者查找线索的时候同样需要沟通，因此，作为联邦警察，沟通对他们来说已经是一种固有的模式了。而在这个强大的联邦调查局中，这些神武的警察们运用最多的就是非正式沟通，因为非正式沟通可以不在乎任何场合及身份，可以更加轻松幽默地进行沟通，可以说是一种快捷便利的沟通方式。

在此基础上，FBI内部非常注重利用非正式沟通的契机，来取得更加有质量和有分量的沟通以及更多的案情线索或者是让高层看到更有才华的人，这主要体现在每天下午两个小时的下午茶时间或咖啡时间。这个咖啡时间其实在西方国家是普遍存在的一种现象，其最早是英国贵族们消遣充满倦意的下午的一种方式，后来被一些企业或单位用在工作中，以让员工们能够在下午最倦意的时刻享受片刻的咖啡时间，一来能够放松紧绷的神经，二来还能够增加员工和上司之间的沟通。其实，轻松和愉快的咖啡时间是最好的非正式沟通方式，也是相当有作用的一种沟通。而FBI就把握住了这一点，在这段时间里，每个员工都以同样的身份出现，不会有上下属的关系，也没有隔阂和工作上的压力，在这段时间中，人们可以相互放松心情，而在此种环境下往往就会有很多新奇的想法诞生，这同样是此种方法所要达到的效果。可以说，这样的咖啡时间使内部员工更好地进行了一次沟通，同时也使上司了解到了下属的内心，因此，这是一种十分必要的非正式沟通方式。

典型的例子就是著名的卡尔·布雷恩警探在1990年曾破获了一起办公室杀人事件，其中最重要的一条线索就是从大家在办公室里喝咖啡时相互讨论和沟通中发现的。有人发现在喝咖啡的时候比较勤快的同事会帮助别人冲咖啡并以此来获得人们的注意和赏识。于是卡尔就想到了犯罪嫌疑人可能就是帮助人们泡咖啡却始终没有引起人们的器重也没有得到领导的赏识，久而久之，其内心积聚了一团怒火，从而导致惨案的发生。卡尔的这种猜测和想法立刻得到了人们的认可，于是他们从这一角度出发，很快便破了此案。

这种非正式沟通可以说使FBI的员工和领导都获得了很大收获，因此，不管是企业还是个人都应该向联邦警察学习，充分地利用非正式沟通的这种契机。

FBI实行这样的非正式沟通方式，首先在形式上就能够体现出FBI对员工的关心，相信在这样的环境中工作也是广大员工所期待的。其次，这样的方式也能够体现出FBI的整体文化理念，企业文化比较人性化，因为它懂得成员内心的疲惫心理和对工作上的要求，所以在满足员工的同时也提升了自身的文化理念，从而显得层次高档、与众不同。

当然，FBI的这种咖啡时间的方式也就自然而然地建立起了一种非正式沟通的渠道。现在，越来越多的人已经意识到了沟通的重要，而且也都变得十分重视非正式沟通的方式，因此，更多的企业都向FBI学习制定了各种符合本企业的制度，为的就是更好地加强非正式沟通。

事实证明，FBI利用非正式沟通的这种契机要比正式沟通更有意义。因为，FBI的工作本身就非常忙碌和枯燥，整日的繁忙事务已经足以使员工们身心疲惫，而如果还要进行更加枯燥和压抑的正式沟通，那么就一定会引起所有员工内心的不满，工作效率自然也就不会得到提高，人们的精神也会委靡不振，而正式沟通还要下意识地让员工们紧绷那条更加紧张的神经。非正式沟通则不同，尤其是要注重利用非正式沟通的契机，因为这个契机关系到这种沟通的场合和氛围。其中，咖啡时间正是这种契机所在，它不像在FBI的会议室那样正式，也不像办公室那样忙乱，而是一个轻松、自由、舒适的非正式场合。在这里，人们可以无拘无束地进行沟通，这样一来就会使员工的疲惫状态得到很大的改善，而人们在喝咖啡的时候，警觉性也会降低，对上司的紧张感就不会那么明显，而是变得十分轻松自如。就像大多数做生意的人都喜欢在饭桌上解决问题一样，人在吃东西和喝东西的时候是最容易增进感情交流的，往往在饭桌上陌生伙伴转瞬就成为了生活上的朋友，这就是非正式沟通的好处也是它的魅力所在。咖啡时间与在饭桌上的感觉有异曲同工之妙，主要就是为了增强人们之间的相互交流和沟通，从而更好地提高工作效率。

在联邦调查局中，类似咖啡时间的这种非正式沟通还有很多，总之，在非正式沟通的过程中要非常重视利用这种沟通方式的契机，这样就能够更进一步地促进人与人之间的了解。FBI不光是在内部进行一些类似咖啡时间的制度来加强人们之间的沟通，外勤也如此。比如，在餐馆吃快餐的时候或者在咖啡厅甚至是酒吧等一切非正式的场合下，FBI探员基本上心情都比较轻松而且在上司面前也都不受拘束，彼此就像是亲密的朋友，只有这样才能更好地办案，才能够提高工作效率。这足以说明充分利用非正式沟通的契机在工作中的重要性，所以，在工作中不管是企业还是个人都必须要向FBI学习，加强这方面的认识。

7 正式与非正式绩效沟通的方法

FBI认为沟通是促成人们之间了解和交流的重要方式，也是达成一些观点和共识的重要方式，而绩效沟通是一种更有质量的沟通形式，也是任何一个企业或者机构所不能缺少的，FBI相关人员认为绩效沟通的主要目的就是为了进一步地提高工作效率和完成好业绩。在这期间，FBI的领导者和员工都要时刻保持不间断的沟通，也就是有效的绩效沟通。在FBI看来，绩效沟通是管理的一个重要组成部分，它直接影响着整个预期目标的实现和完成的质量，因此，FBI认为在工作中有效的绩效沟通是至关重要的。

有效的绩效沟通主要指上下级之间针对一个绩效目标的设计和实现而不断地进行有效的沟通，而且这个沟通是双向的。

其实，实施有效的绩效沟通主要分为两种方法——一种是正式的绩效沟通，另一种则是非正式的绩效沟通。

首先，是正式的绩效沟通方式，这种绩效沟通术主要是事先安排好的在报告上或者是面对面谈论中还须有相关上级人员参加的沟通。这种方式在FBI的工作中经常被用到，FBI的正式绩效沟通是非常合理而严格的，FBI经常会针对一些疑难复杂的案例进行分析，而且经常会针对某个案子组成一个绩效小组。这就需要有一定质量的绩效沟通以保证在规定的时间内破案。当然，同时也需要所有小组成员之间的合作与沟通。在此期间所运用的绩效沟通包括正式的沟通，比如，FBI成员之间就自己的分析整理成的一些书面报告向上司反应，还有针对案情，绩效小组组长会召开小组会议等，这些都属于正式的绩效沟通。这种方式的优点在于非常有条理，能够使FBI探员的大脑思维清晰从而找出更有利的线索，尽快破案，达到绩效目标。

1961年的夏天，人们在芝加哥陆续发现了三名妇女的尸体，这三名尸体上都有相同的咬伤痕迹，而且死者年龄也相仿，因此，FBI迅速地判断出这三桩命案同属一个案子。于是，FBI针对案情迅速地成立了一个绩效小组。这个小组由6人组成，其中包括一名信息资源成员，负责在内部进行薪资综合分析和搜集，一名是著名的心理探员，另外三名是精炼的外勤警探，一名组长兼外勤。这6人对这宗命案立刻展开了调查和分析，要想在规定的时间内破案就需要有绩效的组织和沟通。

因此，组长马克·里德就这一案情作了大概的分析之后就安排每个人进行各自的工作，其中，两名外勤人员与心理探员一起去对和死者有关系的人进行调查和取证，而组长和其中的一名外勤探员勘察现场和调查可疑人员。并且，隔几天他们就会开一次总结小会，在每次小结上，每个人都要对自己的收获或线索进行评析。有时候组长会要求他们以书面报告的形式来作一个绩效沟通，有时候组长还会针对案情召开面对面的探讨，如此细致而有条理的进程令案件的框架也十分清晰和明朗。

两个半月以后，他们成功地找出了凶手。原来，这是一件具有变态性质的连环杀人事件，凶手是芝加哥大学的一名不满20岁的大学生威廉，他具有严重的恋物癖，尤其是喜好女性的内衣，被他注意到的

第五章
正式沟通与非正式沟通——
FBI的秘密：注意沟通的场合很重要

对象一旦不从或者反抗，他就会萌生杀人的动机，而每次杀完人他都会很从容平静地处理好，然后像往常一样回到自己的单身宿舍，就这样，威廉制造了一系列的杀人事件。尽管这是个精密的谋杀案，但是依然逃不过FBI的眼睛，看来正式的绩效沟通也是一种非常值得人们推崇和使用的沟通方式。

然而，与正式的绩效沟通不同的是非正式的绩效沟通，而且它们之间有着很大的区别。其中，正式的绩效沟通是通过计划和程序进行的有效的绩效沟通，而FBI认为非正式的绩效沟通没有计划安排，主要是通过社会上的各种关系进行交谈和沟通。比如，在饭桌上或者非正式的会议上，可以说，非正式的绩效沟通方式比较灵活和自由，不需要有规划的准备。同样，这也是FBI为什么会一直倾心于非正式绩效沟通的原因。另外，FBI还认为非正式绩效沟通还有一种特别的特点，那就是在问题发生意外或者突变的时候可以迅速地进行简短的沟通，以使事情能够快速解决，这样还可以拉近上下级之间的关系，消除距离感，从而有利于工作的顺利进行。

在日常工作中，FBI很注重非正式的绩效沟通方式，因为它自由灵活，尤其是对FBI破案来说更是一种不可多得的好方式，而警探本身需要的就是灵活和自由，只有这样无拘束的沟通方式才能够更好地达到绩效沟通的目的。

FBI以多年的事实经验证明，非正式的绩效沟通有几个重要的原则，首先是及时，在非正式绩效沟通中，尤其是上司应该针对下属的态度来及时地作出调整以便获得更有效的沟通。其次是准确，这是针对FBI上司和下属之间的沟通问题，只有把握住了双方的真正用意才能够达到真正的沟通效果。再有就是完整，FBI的心理学家安德森·肖特认为，虽然非正式绩效沟通是一种灵活多变的沟通方式，但是这并不代表着它不具备完整性，其完整性主要取决于上司对下属的支持和理解，上司作为整个绩效沟通的中心，一定要充分利用好此种沟通方式从而为展开工作营造一个良好的氛围和环境。

其实，在很多案件上FBI都非常注重非正式绩效沟通，有时候这种非正式绩效沟通会帮助他们渡过难关和冲出层层枷锁。1977年的秋天，看上去这个季节的纽约十分繁荣和平静，其实每当黑夜来袭的时候，有很多人都不敢开车出门，因为在不同的停车场已经发生了5桩命案，还有众人受伤。对此，FBI立即进行了分析和调查，组成绩效小组虽说是必然的，但由于时间紧促，案情复杂严重，所有FBI特别成立了三个绩效小组分别对案情展开快速追击。经过了很多波折之后，最终在几个月后将凶手尼奥·布莱恩抓获。然而，被捕后的尼奥依然很从容、平淡，尽显一个职业杀手老练而从容的特点，但是其内心的黑暗和残忍是无人能比的。

虽然尼奥对自己的罪行供认不讳，但是FBI还是不会放弃对这样一个杀人恶魔的详细调查。当时，尼奥被关在阿提加监狱进行短暂的看管，FBI的工作人员会定期对尼奥进行取证采访。在FBI眼中，尼奥是一个温和懂礼貌的人，每次谈话虽然都很短暂，但是尼奥都显示出温和老实的迹象，负责这个案件的FBI绩效小组的人员非常不理解这个杀人魔头内心的真实想法，于是一次次地进行访问。一个星期五的晚上，FBI绩效小组的3个探员再一次来到了恶魔尼奥的牢房前，对尼奥进行了例行的采访之后，当小组成员要离开的时候，尼奥突然对FBI探员比彻提出了一个要求："警官先生，可以给我一根你兜里的烟抽吗？"面对这张诡异的脸，另一个探员比尔博姆对比彻说："老兄，我们走吧，时间到了。"比彻却叼着烟说："没关系，我是不会对一个犯人吝啬的。"同时回头望向尼奥。尼奥笑了一下说："非常感谢你，长官，你知道，这里的生活太乏味了，我只是需要一根烟。"

然而，当比彻掏出烟就要递给尼奥的时候，尼奥却迅速地抓住比彻的衣领，另一只手掐着比彻的喉咙，并继续用那种温和的声音让另两个警探打开牢门。这时候比彻疼痛无比，不断地挣扎，虽然比尔博姆和另一名警探握着枪，但却不敢开枪。比尔博姆心中忽然冒出一计，可这时候尼奥让他们把手中的枪扔掉，为了比彻的安全他们只能扔掉枪，与此同时，比尔博姆迅速地把手中的牢门钥匙扔到了离自己很远的地方，此时，尼奥一直看着钥匙顺势滑落的整个过程，而比尔博姆迅速地向比彻递交了一个他们能够看懂的沟通眼神，于是，比尔博姆迅速地从腰中掏出另一把手枪向尼奥开了一枪，就这样，比彻在比尔博姆开枪的瞬间，成功地挣脱了尼奥的手，而杀人恶魔尼奥也当场毙命在了牢中。

这显示出比彻和比尔博姆在没有任何准备和计划的情况下能够运用快速的非正式绩效沟通的方法来达到一种绩效的作用，同时也足以说明非正式绩效沟通在FBI破案中起着至关重要的作用。

8

最常用的非正式沟通：聊天

　　FBI通过多年的办案和沟通经验告诉人们在非正式沟通中最常见的就是聊天，而聊天可以更好地达到沟通的目的。FBI不管是同事之间还是上下属之间，或者在平常的案情访问和调查中都习惯用聊天的方式进行沟通，而且在不同的场合下，聊天的内容和形式也会发生相应的变化。

　　FBI十分注重上下属之间的聊天，而且在聊天过程中可以加强彼此之间的了解和认识，这也是长久以来，FBI内部各个成员之间能够相互协作且一直维护FBI利益的原因。

　　史蒂文是FBI的一名新成员，他刚来联邦调查局上班还不到两个月，但在FBI的这两个月，完全改变了他对FBI的初衷。在他印象中，FBI是一个充满了激情和刺激的地方，且能够经手大案，就像传说中的佐罗那样潇洒和英勇，可是，当史蒂芬来到FBI之后却发现每天人来人往倒是不少，但是都没有人搭理他，他也没有接到任何任务，看着其他人来来往往地忙碌着，他有些无奈。在局里，他还看到了自己崇拜的FBI探员史丹·特纳，但是连跟他打个招呼的机会都没有，于是他整天晃晃悠悠地来往于走廊中，或者是自己坐在自己的位置上，没有人理会他。当然，他也想过要找别人咨询一下新人是如何工作的，可是根本就没有任何机会。就在他一筹莫展的时候，有人敲了敲他的桌子，原来是反恐部门的A级组长的秘书让史蒂文到组长办公室去一趟。史蒂文听后马上精神百倍，他以为是有任务了，于是他整理好了衣帽，来到了组长办公室。此刻，组长背对着他，站在一张地形图面前，史蒂文非常紧张，手指使劲抓着裤缝，手心已经出了很多汗，等他打完报告之后，组长缓缓地转过身来，原来这位组长就是FBI非常有名的反恐探员奥尔森·伍德。当年，他曾经参与"死亡密码"案件，并且曾经在众多的复杂案例中屡次建功。史蒂文不敢相信自己的眼睛，于是他显得更加紧张，可是没想到的是接下来的谈话却异常轻松和愉快。

"沉默的男孩，不介意与我这个老帅哥喝杯咖啡吧？"奥尔森用这样幽默的方式打破了僵局，同时也开启了两人的聊天之门，奥尔森办公室内有一处自己休闲娱乐的地方，那是他叫人帮他做了一小块简单的高尔夫球道。在闲暇时间奥尔森都会在办公室里练习这种缓慢平稳的高尔夫进球，他很热情地邀请史蒂文一起来玩，史蒂文也丝毫没有了先前的拘束，尽情地和大师奥尔森在办公室里玩起了高尔夫游戏。办公室外面的人时常会听到从奥尔森的办公室传来的阵阵欢笑声。奥尔森与史蒂文聊了很久，等他们聊天结束的时候，FBI办公室也即将下班了，第二天，史蒂文不再像往常那样没有事情可做了，他每天都会去奥尔森的办公室打上半个小时的高尔夫，并进行友好的交谈。三天以后，史蒂文被派到纽约曼哈顿的一个事务所协助调查一桩案件，从此，史蒂文走上了他印象中FBI所应该经历的生活，成为了一名出色的外勤警探，他就是著名的FBI探员史蒂文·克鲁姆兹。

可见，FBI是多么重视聊天在沟通中的重要作用。一般来讲，聊天是一种无拘束的开朗的谈话方式，它属于一种非正式的沟通方式，这种非正式的沟通方式能够很好地处理上下属之间的关系，从而更好地达到沟通的目的。

FBI经常运用这种非正式的沟通方式在不同的场合进行聊天沟通，当然，除了在办公室中，在办案方面FBI的探员也会时常用到聊天，可以说聊天沟通已经成为他们办案不可缺少的一部分，尤其是在案件中，FBI看透了犯罪嫌疑人的一些心理需求以及情感压抑，而聊天是最好的沟通感情的方式，于是FBI的探员经常会与犯人进行零距离的聊天，而事实也证明这种方式确实起到了非常显著的作用。

在美国南部非常著名的"九岁男孩杀人事件"中，FBI探员没有费一点力气就成功地抓获了这名仅有九岁的男孩伯恩斯·希尔，但是这名男孩内心中的情感却没有因案情而揭穿。人们不明白为什么一个九岁的小男孩仅仅因为哥哥抢了他的金刚车就杀人，为了给当地人民一个满意的解说以及了解到伯恩斯内心世界的真实想法，FBI派人定时去管教所给九岁的伯恩斯做心理访谈。起初，专业的心理教员和儿童心理医生是主要的探问者，而FBI的人员则给予他们保护，但是，对于一个九岁的小男孩来说，面对这些高端的心理术语他听不明白，也非常畏惧这些穿着白大褂戴着眼镜且有一双尖锐眼睛的医师们，所以，面对询问，小男孩没有回答一个字。

后来，FBI的老牌警探亲自出马，并且没有带任何心理医师，而是单枪匹马地来到了小男孩的窗户前，随后便是一场接一场的谈心。在聊天过程中，这名九岁的小男孩好像是依赖上了眼前的这个慈祥的爷爷，于是情到深处便把自己内心的自卑感和在家庭中没有人喜欢他而导致的苦闷的心情一股脑儿地全部倾诉给了老牌侦探。可以说，这次沟通非常成功。随后，FBI便向外界宣布了儿童的一些心理问题，提醒家长要多关心孩子的身心健康。

FBI就是这么神奇，运用聊天这种非正式沟通的方式来处理身边的每一件事情，并且总能够取得良好的效果，事实上，这也是FBI所追求和主张的最好的沟通方式之一。

第六章

口头沟通与书面沟通——FBI认为最原始的就是最高效的

FBI在日常的工作和审讯过程中，运用最多的两种沟通方式就是书面沟通和口头沟通。事实上，这两种沟通方式可以称之为最原始的沟通方法，而FBI则认为越是最原始的沟通越能达到预期的效果。多年的事实证明，FBI的这种想法是正确的。

当然，书面沟通与口头沟通各有各的特点，只要针对不同的事情进行合理的安排，找到对应的沟通方式就能够有效地实现沟通的目的。因此，FBI的各种沟通技巧和心得都是值得人们学习的，FBI的沟通方式可谓最高端和最有价值的了。而在FBI身上体现出来的这两种沟通方式也就格外让人产生一种敬佩之感，只要掌握了FBI的各种沟通技巧就能够在社会生活中实现不同的沟通效果。

FBI的口头沟通与书面沟通

在FBI强大的沟通术中，口头沟通和书面沟通是极其有效的两种沟通方式。虽然这两种方式都属于比较原始的沟通术，但是FBI却乐此不疲地使用了很多年。其中，在FBI新成员考核的内容中就有这么一项：口头阐述关于一件案例的分析，这就要求新成员从一开始进入FBI时就必须学会常用的口头沟通。另外，在FBI新成员考核的最后阶段还会进行口头汇报或者口头演讲等，还必须要以书面的形式来递交自己的考核报告，这些都是每个FBI的新成员所必修的课程，可见，FBI是如此重视这两种最原始的沟通方式。FBI的很多案件或者是有关情报部门的一些大事件一般都离不开这两种沟通方式的运用，因为这两种沟通方式对FBI来说是最高效的沟通之术。

通俗地讲，口头沟通主要就是用口头语言来进行信息交流，而这种沟通方式也是FBI在生活中最常用的，例如，口头诉说、口头汇报、讨论开会、演讲甚至是电话等都属于口头上的沟通。可以说，口头沟通是FBI直接交流沟通的方式之一，也是最普遍和最容易达到理解的一种有效的沟通方式。所有FBI都必须习惯和接受这种常用的口头沟通，因为FBI经常会就案情而召开各种大大小小的会议，有时候

第六章
口头沟通与书面沟通——
FBI认为最原始的就是最高效的

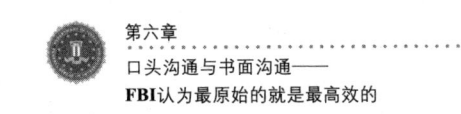

是临时性的，有时候是大型的有准备的，还有时候在案发现场就会召开一些小会议，在这些会议上沟通的最好方式就是口头沟通。而在与嫌疑人进行沟通的时候，FBI最常用到的也是这种口头沟通，因为它既简便又详细，往往也最能够撬开犯罪嫌疑人的口。

而与口头沟通不同的是书面沟通。书面沟通主要是以文字为主体信息，通过报告、信件等来传递信息。同时书面沟通也是一种非常经济的沟通方式，因为它可以不受任何场合的影响和限制，也不受时间的安排。书面沟通也是FBI在工作的时候常常用到的沟通方式，比如，递交案情分析报告、书面表达自己的内心想法等，尤其是FBI的调查者和探员在与犯罪嫌疑人或案发现场的目击证人进行口头沟通的时候，更加需要有关工作人员对此进行详细的记录，这也算是FBI在书面沟通上一种重要的表达方式，而记录下的这些口供可以作为FBI细心研究的目标，以实现沟通的真正目的。因此，有时候，口头沟通与书面沟通是相辅相成的。虽然两者发挥着各自不同的作用，但却都能够达到真正沟通的目的，可以说，两者的结合是FBI顺利完成任务的重要前提和保障。

如今，FBI已经把口头沟通和书面沟通很好地结合起来，这样更有利于尽快完成任务，从而达到预期的目标。比如，在审讯犯人的时候，FBI可以口头沟通和书面沟通同时进行，这样就更容易找到相关的线索。

FBI认为，口头沟通有其独特的优点，也正是这些优点才得以让口头沟通能够持久不衰且一直被人们所接受和推崇。

（1）口头沟通能够迅速地察觉听者的反应，以更好地作出回应，从而达到良好的沟通效果。

FBI在进行口头沟通的时候，对方能否悉心听取或者是有什么反应都可以迅速地反映出来，因为这是一种非常快速的沟通方式，对方的表情和想法在你话音未落的时候就有可能表达出来，因此，抓住对方的反应更加有利于实现沟通的真正意义。

(2) 口头沟通可以有机会作出一些额外的说明。

FBI认为这是在书面沟通中不曾有的特点，同时也是口头沟通的一个优点。余音未散，还可以继续填补一些话语，以让对方更加理解你的意思，这是沟通的要点，也是口头沟通的优点。

(3) 在口头沟通中，由于可以十分方便地与对方面对面地交谈，因此，FBI建议在必要的情况下可以用加大声音来增加自己的强势，以达到一定的效果。

FBI在办案的时候，经常会遇到很多棘手的问题，这时候就需要用这种方式来解决沟通问题。哈罗德·马尔萨斯是FBI的探员，有一次在一个案子上遇到了麻烦，即目击证人不愿意出来作证，于是哈罗德亲自去找证人。没想到证人知道FBI来了之后，变得更加嚣张和狂妄，起初哈罗德还好说好笑地与他进行沟通，可是他一开口就要5000美金，此时哈罗德实在是忍无可忍，于是他对着证人大喊一声："你再不说，老子崩了你！"说这话的时候，眼前这个狡猾的证人着实是吓了一大跳，他看到哈罗德生气的样子又看看他腰里面的枪，于是，他乖乖地说出了他所见到的事实。这就是用声音来增加自己的强势的作用，不管怎样的方式和过程，只要达到沟通的目的就是完成任务，FBI都是这么认为的。

(4) 口头沟通能够快速地达成共识。

FBI通过经验告诉人们，口头沟通的特点还在于能够快速地知道沟通的效果，如果成功了就会达成一定的共识，同时还能够建立起良好的人际关系，从而更加深入地了解对方。

而书面沟通也拥有着很大的优点，这种最原始的沟通方式至今仍被人们运用着，可见它的优点所在。那么，书面沟通的优点又体现在

第六章
口头沟通与书面沟通——
FBI认为最原始的就是最高效的

哪几个方面呢？

（1）书面沟通可以是正式的也可以是非正式的。在FBI眼中，书面沟通是一种非常灵活和自由的沟通方式，可长可短，在工作中非常受人们欢迎。

（2）书面沟通能够仔细地推敲，更加从容地表达出自己内心的意思。这样一来，就能更好地达到沟通的目的，让对方看到自己细腻的心思。

FBI认为这也正应了人们的心理，有时候人们不善于在口头上表达自己的意愿，而是把很多细腻的思维和想法隐藏在内心，而书面沟通可以更好地让人们表达出自己内心的思想。可以说，知道和理解一个人的内心想法是沟通的最终目标。FBI经常在外办案忙于公务，有时候办公桌上或者黑板上的一张张便签条便是人们之间最好的沟通方式，也是最贴心的方式。"工作开心"、"别忘了给吉米回电话"等，当出现在便签条上时，就会使人感觉仿佛人们一直都相互联系着，这样的沟通是非常惬意的。其实，现在的手机简讯便是书面沟通的一种绝佳方式。一条简短的短讯便能够促进双方的心灵感应，从而达到沟通的效果。

（3）书面沟通是一种非常可靠和准确的沟通方式。

俗话说白纸黑字，这是一种既定的事实，可能有人会说这样的方式有些过于强制，但是这也未尝不是一个好方式。因为，无论是书面材料还是书信或者通知，都是既定的事实，能够很好地避免很多争议，也就能够更加干脆地解决问题。

总之，FBI对这两种原始的沟通方式都情有独钟，他们认为，越是原始的方式越能够得到人们的认可。可以说，在FBI的工作方式和模式中，他们已经拥有了属于自己的一套口头和书面沟通术。

2
FBI最惯用的书面谈判

FBI通过多年的经验和特殊的工作方式已经掌握了许多与众不同的书面沟通形式，尤其是在书面谈判方面更是有独特的造诣。FBI的书面谈判是一种非常经典的谈判方式，因为它既经济又行之有效。

书面谈判主要是利用文字和图像等通过信件或者计算机等通讯工具进行的谈判，然而在过去技术不发达的时候，FBI一直是使用电报和信函等进行谈判的。由于FBI的工作特殊，其工作人员也都分布在不同地区，而且与FBI进行合作或联系的机构也大都分散在各地，所以书面谈判对FBI来说是最佳的沟通方式，而FBI在谈判方面又有着独特的特点和技巧。

一般情况下，需要进行谈判的事情无非是跟交易有关，而FBI的谈判并不像生意上的那种商品交易。FBI认为，所谓的谈判指的是关于情报方面或者案件上有关联的事情之间的沟通和合作，尤其是与FBI老牌携手的机构之间，双方经常交往，在双方约定的条件下，仅用书面谈判的方式就可以解决问题，最后签订双方的契约或合同，就算是正式完成了书面谈判的形式。因此，书面谈判是一种简便、准确性高的谈判方式。虽然是非常原始的，但对FBI来说，却是最有效率

第六章
口头沟通与书面沟通——
FBI认为最原始的就是最高效的

的一种谈判方式。

从前，FBI就曾用这种书面谈判的方式与在苏联的克格勃情报中心的双面间谍达成过协议，最终克格勃的间谍成功地盗取了苏联非常有价值的最新武器装备方面的情报，当然，对方也成功获得了FBI提供的几万美金的酬劳，这就是书面谈判的特点——干脆利落而且准确性高。另外，FBI认为，书面谈判还具有以下特点：

首先，能够有充足的时间来考虑谈判的内容和议程等。因为书面谈判的资料都准备得比较详细且明确，这样一来，双方就有足够的时间来考虑关于对方所提出来的要求或提议。影片《沉默的羔羊》虽然是改编的，但是也是具有故事原型的。影片中身为联邦警察的克拉莉斯为了调查一系列的连环命案而去监狱中求助精神病专家同时还是食人恶魔的汉尼拔博士。汉尼拔智商非常高且思维相当敏捷，面对克拉莉斯的请求，他提出了一些要求，比如，让克拉莉斯说出自己的隐私经历等以换取他的协助。面对这样的提议，克拉莉斯最后还是同意了，并且表现出了超强的勇气和毅力，最终取得了成功。在这其中克拉莉斯与食人恶魔汉尼拔的谈判就是通过书面谈判的方式达成了协议。而事实证明，FBI特工克拉莉斯的决定是极其正确的。

其次，FBI认为书面谈判的成本比较低，是一种非常经济的谈判方式。为什么会这么说呢？这是因为书面谈判不需要像口头谈判那样对人进行安置和其他的一些消费开支，而且这样也比较安全可靠。对于FBI来说，没有什么比书面谈判更加安全的了，派人去谈判的话，很容易出现人员被跟踪或走漏消息的风险，而书面上的谈判就不会出现这些问题，因此，不管是从安全上还是经济上来讲，书面谈判都是一种非常合理而可取的谈判方式。

第三，FBI认为，书面谈判具有间接性的特点。这主要是因为，在书面谈判中，双方谈判人员不是正面交锋所达成的协议，所以整个谈判与人员没有多大的关系。只要双方认真考虑书面上的条件或合约就可以了，这样也就避免了因谈判者的身份而造成的很多争议或者不便，同时也更有利于促成谈判成功，因此书面谈判具有一定的间接性。

FBI针对书面谈判的这些特点总结出了一套属于自己的书面谈判技巧，其中最主要的就是把握好谈判的议程，合理进行时间上的分配和安排。在书面谈判中，虽然不用面对面地直接沟通，但是在看到对方书面上的要求或条件时也不要以为没有时间限制，因为心中要对这些谈判的内容有所认识当然最重要的还是要达成一个有利于自己的成功谈判，而这就需要决策者拥有超人的能力和眼光，抓住双方谈判的空隙时间，不要局限在细节方面，要从大局着眼、整体把握，尽量实现自己利益的最大化，这才是成功的书面谈判。

对于FBI来说，书面谈判是家常便饭，也是经常运用的谈判方式。美国"9·11"事件发生以后，美国内部一片混乱，这时候联邦调查局和中央情报局之间就展开了合作，FBI主要针对国内的间谍进行抓捕和截获，而CIA主要针对的是国外，是对本·拉登及其基地组织的追捕。就这样，两个情报机构分工明确，相互维护着美国的利益。为什么FBI和CIA能够友好相处来共同维护美国的国家利益呢？这主要是因为FBI和CIA在双方谈判方面达成了很好的协议。众所周知，FBI和CIA是美国两个最重要的情报和安全部门，他们共同维护着美国情报方面的安全和利益，但是两者内部却存在着很大的矛盾。既然有矛盾，那么在国家发生危难的时候要想共同一致对外，需要的就是谈判。而在谈判的时候，两个情报机构不可能，也不会面对面地直接洽谈，而是通过书面的沟通和谈判。就这样，信函架在了他们中间，为了各自的利益和在美国的地位，他们终于达成了一致，即一个对内一个对外共同打击恐怖主义。

第六章
口头沟通与书面沟通——
FBI认为最原始的就是最高效的

美国自"9·11"事件之后，对阿富汗进行了反恐战争，但是实际上美国人的反恐战争最大的胜利不在正面的战争上面，而在于美国特工在情报方面的胜利，尤其是CIA最后协助击毙了本·拉登，这对美国来说是最大的反恐战争，然而，这些成就依然离不开FBI的努力，两个有深远矛盾的情报机构通过书面谈判便能够很好地做到沟通，达成谈判效果，从而取得暂时的反恐战争的胜利。

这足以说明书面谈判对FBI甚至整个安全机构的重要性，在进行反恐战争的时候，FBI与很多间谍之间也进行了不断的书面谈判才有了这些成绩，看来FBI势必要把书面谈判带向更加久远的未来。

3
FBI书面沟通的技巧：
没有记录就等于没有沟通

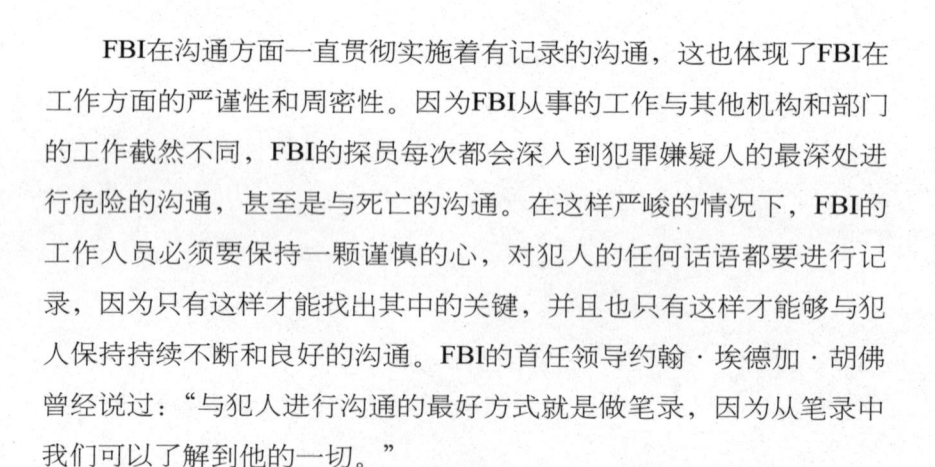

　　FBI在沟通方面一直贯彻实施着有记录的沟通，这也体现了FBI在工作方面的严谨性和周密性。因为FBI从事的工作与其他机构和部门的工作截然不同，FBI的探员每次都会深入到犯罪嫌疑人的最深处进行危险的沟通，甚至是与死亡的沟通。在这样严峻的情况下，FBI的工作人员必须要保持一颗谨慎的心，对犯人的任何话语都要进行记录，因为只有这样才能找出其中的关键，并且也只有这样才能够与犯人保持持续不断和良好的沟通。FBI的首任领导约翰·埃德加·胡佛曾经说过："与犯人进行沟通的最好方式就是做笔录，因为从笔录中我们可以了解到他的一切。"

　　胡佛的这句话不仅代表了当时的FBI的沟通理念，也代表了现在FBI的管理者在沟通记录方面的沟通理念，而且很多政府机构的管理者们常常这样说："没有记录，就等于没有发生。"这足以说明，记录在沟通中的重要性和不可被忽视的特点。记录可以指记录别人说过的话，也可以指记录整个事情的过程，总之这些记录是对每个人最好的证明，同时也为沟通提供了一个良好的平台和空间。

第六章
口头沟通与书面沟通——
FBI认为最原始的就是最高效的

记录是每个FBI的成员都必须掌握的，不管是与上司或者是同事之间的沟通，还是在审讯犯人的时候都离不开记录。以前FBI的执行能力弱就是因为内部信息的沟通不够顺畅，然而，之所以会导致信息沟通不畅就是因为这些人没有养成一个记录的习惯。其实，记录属于书面沟通的一种。众所周知，书面沟通是一种非常含蓄的沟通方式，只要认真地听，仔细地记录，然后加以揣摩推敲就可以明白很多事情，沟通自然也就变得极其容易了。如今的FBI早已将记录列入到了每个新警员考核的指标中。

而FBI每个新成员在成为正式的FBI探员的时候都要经过一系列严格的培训，当然，这些培训不光是在体能和学识上，还有很重要的一项就是审讯。在培训期间，学院必须在九门课程中以每门85分以上的成绩才算合格，然而在这九门课程中，占有相当比重的一科便是审讯学。在审讯学的培训中，每个学员都必须跟随几名重要的FBI的资深探员一起去对一些等级不同的犯人进行审讯。而在审讯的过程中，新成员要仔细地跟随着老警探的思路，其间老警探在旁边的记录是每个新成员必须学会的，新成员也必须要记录下这些过程，回去之后要作一份详细的报告递交上去。这些记录的过程都属于书面沟通的一种，而新成员递交的书面报告也是沟通的一种形式，在这期间新成员要学会用记录来进行沟通，这种方式在一开始的培训中就已经有所体现。

就像大多数企业一样，不管是商讨会议还是谈判，尤其是大型的会议，都会有录入员在一边进行记录，这样不光是为了记录下来当时的情景，更重要的是为日后的沟通作准备。在FBI身上也是同样的道理，但是与之不同的是，这些记录对FBI来说有着更加重要的意义，这主要体现在与罪犯的沟通上。

FBI认为，这种记录性的书面沟通的优点就是有利于信息的准确传播。首先，记录本身就是一种精确的书面表达方式，在沟通中，双方谈话的内容是非常有价值的。其次，在信息传播的过程中，记录能够准确无误地进行传播，从而让更多的人看到事情的真相，这就是记录存在的真正意义。

　　2009年，美国国家安全档案馆在官网上公开了FBI对伊拉克前总统萨达姆的审讯记录，其中指出，为了造就自己的声势，萨达姆故意误导人们相信伊拉克有大规模的杀伤性武器，这主要是做给伊朗看的，因为在萨达姆看来伊朗比美国更加具有威胁性。FBI对这一事件进行了详细的记录，且试图用这一记录告知人们一切，并希望能够与外界的媒体等相关机构作一个良好的沟通。FBI记录声明："萨达姆并不承认与本·拉登有任何关系，更不会与本·拉登一起组织恐怖主义对付美国，并且表示伊拉克的主要宿敌其实是伊朗。"曾经亲自审讯过萨达姆的FBI特使乔治·皮罗在2008年接受美哥伦比亚广播公司采访的时候曾公布了一个重要的审讯记录，乔治说："萨达姆曾经误算了前美国总统布什在伊拉克的意图，并且预料美国只是对伊拉克进行有限度的打击……"这些最新的关于萨达姆的新闻在一时间上了美国的新闻杂志及报纸头条，看来FBI的记录是没有白费，它有效地促进了全民沟通。

　　FBI审讯犯人的记录是最重要的一种书面沟通方式，可以说是没有记录就没有沟通，面对呈现在记录本上的犯人的言辞，FBI仿佛能够看到很多的破绽和线索，最重要的是FBI能够做到与犯人更好的沟通。

　　毕维斯·马杰里是一名刚入职不久的FBI成员，半年以来才刚刚接触到一个案子，而且这个案子的主犯是一位年过七旬的老奶奶。毕维斯对此显得非常为难，但是毕维斯还是会两天一次去审讯这个老奶奶，而且每次他都会详细地记录下这位老人的想法和言辞。等回去之后他再根据这个记录仔细地揣摩老人的心理。毕维斯先是询问了一些

第六章
口头沟通与书面沟通——
FBI认为最原始的就是最高效的

基本的问题，比如喜欢什么颜色以及家庭条件等。等毕维斯第二次去审问的时候就会根据这些问题进行有准备的审问。就这样，一天天的过去了，毕维斯竟然能够跟这位老人聊得很深入，彼此加强了理解。最终，老奶奶说出了事情的真相，而毕维斯也顺利地完成了他平生的第一个案子。毕维斯用他的经验告诉人们，记录是沟通的一种重要的方式，同时毕维斯也不得不理解FBI对新成员进行审讯培训的目的所在了。

FBI重视记录沟通还体现在对美国网络信息的记录。FBI曾经敦促美国各地的网络宽带运营商将所有用户所访问过的网站进行记录和保存，并要求把这些记录保存至少两年。FBI之所以这样做有两个原因，其一是为了更好地协助FBI调查儿童色情犯罪情况，通过这些记录来更好地了解儿童心理世界，然后再根据这些记录进行沟通，这样做有助于提高孩子们浏览网站的安全性，保障他们的健康网络生活，FBI的领头人罗伯特·米勒就曾表示非常支持这种互联网访问地址的记录。其二，这种方式最重要的是帮助FBI来增强自己的办案能力，因为记录是一种书面上的沟通方式，有了记录也就等于有了一定的信息准则和参考，这样一来就可以针对具体的事情进行调查和沟通。其实，早在1986年，FBI就曾经敦促过美国的电话公司必须将每一位用户的电话记录保存两年以上，主要是保存具体人的姓名、地址以及呼叫者的电话号码、呼叫日期等。由此可见，记录对FBI来说是一项非常重要的沟通方式，记录不仅能够使人们互相了解彼此的性格或用意，还可以更加准确地传播正确的信息。

可以说，记录对FBI来说是不可缺少的，而且对任何一个人来说也都是不容忽视的一种重要的沟通方式。记录下来的事情有凭有据，往往就会省掉很多的过程和不必要的麻烦，因为有些时候光是口头上的阐述或承诺是没有依据的，这样在沟通的时候自然就会曲折费劲，而记录在书面上的东西是亘古不变的,因此,记录是非常重要的。

　　FBI还认为记录可以将所有口头上的决定书面化,而且容易使人理解。当然,有的人喜欢用口头上的交谈来沟通,但是有时候在很多机密的问题上或者正式的场合中是不能口头表达的,真正发挥重量级作用的还是书面记录,而且书面记录也比较有说服力。

　　如今,记录已经成了FBI实行沟通的一种实际的操作方法,也是每个FBI成员所必须掌握的技能。虽然记录是一种原始的沟通方式,但是FBI经过多年的经验告诉人们,原始的记录是最有效率的沟通方式。

4 像FBI一样实现有效的口头沟通

口头沟通已经成为很多人生活中不可缺少的一部分，然而有时候口头沟通会让很多人感觉到啰唆和反感，主要就是因为没有实现有效的口头沟通。而如果放在FBI身上就不会发生这样的情况，由于其工作的特殊性，FBI会特别注意沟通的严谨性，不管是书面沟通还是口头沟通，FBI都凭借着独特的风格实现了有效的沟通。所以，为了不让自己说的话成为沟通中的阻碍或废话，那么就要像FBI一样实现有效的口头沟通。那么，FBI的有效沟通又是如何做到的呢？

(1)准确性

口头沟通虽然是FBI日常生活中非常常用的一种沟通方式，但是依然要表达出准确的意思。在社会生活中，彼此需要沟通的方方面面有很多，这就需要沟通信息的准确性，FBI认为，在口头沟通的过程中，信息的准确性十分重要，有时候错误的信息会导致对方的误解，因而沟通就不可能有效地实现。关于外星人，在任何一个国家的大街小巷都有一些不同的传闻，尤其是在美国，从很多事情中都可以看出外星人好像是存在的，但是苦于没有证据，因此谁也不敢十分肯定说外星人一定存在。

FBI在1950年的时候曾经收到过一份关于外星人的备忘录，在这份备忘录里面有很多关于外星人的传闻，但是并没有充足的证据，因此FBI当时并没有把精力放在这件事情上，而是投入到当时最火热的情报上。然而时隔多年，当人们采访时任FBI华盛顿地区的管辖总长霍特尔的时候，霍特尔用十分肯定的话语终止了人们的众说纷纭，他这样说道："相信大家都已经知道这件事情了，但是我想要告诉大家的是，如果你家后院着火了，你还会在前院与你的客人悠闲地喝茶或者是打高尔夫吗？"霍特尔的一句话让众多记者哑口无言，霍特尔用十分准确的回答向人们说明了这件事情与当时美国所处的两极分化冷战时期的现实情形的关系，外星人事件并没有完全的证据，况且FBI也没有时间和科研小组玩不会赢的游戏。可见，霍特尔的比喻并不烦琐，也不需要太多的话语，只要准确到位，人们就可以充分地理解。其实，霍特尔的这种性格和特点也代表了FBI的做事风格和沟通方式。

(2) 清晰

　　FBI从多年的沟通经验中得出在口头沟通中最重要的就是清晰，一个人的口头表达是否清晰可以决定整个沟通的成功与否。然而，有些人十分武断地认为清晰就是简单，其实不然，它主要体现在以下三个方面：

　　首先，是逻辑要清晰。在沟通过程中，一定要保持十分清晰的逻辑思维，在这一点上FBI是非常熟练的老手，因为每个FBI都需要具备清晰和高敏感的思维能力，这是工作的需要。莱昂内尔·诺伊斯曾是FBI在旧金山的特派使，旧金山在1989年的时候曾经发生过一次轰动世界的大地震。那次6.9级的大地震夺去了旧金山很多人的性命，当时美国各界采取了救援措施。而那时莱昂内尔在旧金山例行公务，正巧赶上了那次猛烈的大地震，幸好他没有受伤，但是他所住的那个地方已经倒塌了，他是从废墟中走出来的。望着大街上的一片狼藉，钢筋

第六章

口头沟通与书面沟通——
FBI认为最原始的就是最高效的

水泥的城市瞬间崩塌,那种感觉莱昂内尔至今回忆起来还是余惊未了。当时,他还不忘找到一个红色电话亭给家人报平安,然而正当他要向总部打电话的时候却发现自己的脚底下隐约有动静,于是他放下电话,对下面喊"有没有人",后来慢慢地有了更大的动静,于是他开始挖土,最后,终于看见一名40岁左右的妇女在夹缝中——她被几根水泥柱子卡住了,身上都是血。莱昂内尔非常震惊,他此时脑中只有一个念头:要救出这名妇女。但是情况很糟糕,水泥柱子死死地卡在她的胸前,呼吸都很困难,凭借自己一个人的力量根本不可能将她救出来,于是他赶紧打电话请求救援,他清晰地说道:"广场北街,中心大楼前红色电话亭需要救援,最多只能坚持两个小时。"

莱昂内尔凭借着清晰的逻辑思维判断眼前的这位女性只能够活两到三个小时,因此在打电话的时候他清晰地说明是"最多只能坚持两个小时",务必让对方在两个小时以内赶到。如果莱昂内尔说的是"最多能坚持三个小时"那么对方可能会另有安排,说不定两个小时不能及时赶来,这说明莱昂内尔思维还是比较清晰和缜密的。在接下来的两个小时,莱昂内尔决定要坚持不断地与这位被困的女性进行沟通。可见,他当时并没有因为这突如其来的地震和眼前的震惊而乱了手脚,而是表现得非常理智且思维清晰。后来,通过与这位女性的对话,他发现她还有一个三岁的女儿,不知道生还与否,看起来这位母亲很担心,于是莱昂内尔就与她聊孩子,而且他们之间的沟通一直是非常轻松的。其间也会有泪水和绝望,但是在莱昂内尔的沟通和帮助下,她终于挺过了一个半小时,在最后的半小时里救援队及时赶到了现场。20分钟后,这名妇女被安全救出送到了救护车上,就在车门关上的一刹那,这名女性紧紧地握着莱昂内尔的手说:"谢谢你,小伙子,谢谢你的坚强和勇敢。"后来莱昂内尔打听到这名妇女的女儿已经身亡了,但是她却奇迹般活了下来。

从这个实例中可以看出，保持一个清晰的思维是多么重要，而莱昂内尔也不愧是FBI的特派使。

其次，表达要清晰。一件事情不管是简单还是复杂，只有表达出来才可以使人理解，而沟通的主要目的就是能够表达出自己的意愿使对方理解。只有把内容表达得十分清晰才可以使对方充分理解，从而达到有效的沟通。虽然FBI的每个成员的性格和特点都不同，但在沟通方面，尤其是口头沟通方面，都有自己独特的方式，而且表达得清晰是他们共同的特点。

在口头沟通方面，FBI一直坚信有一个清晰的逻辑思维和清晰的表达方式是至关重要的，这决定了对方是否能够完全理解你的意思，同时也为实现有效的沟通奠定了基础。

(3) 说服力

FBI有时候为了破案的需要在口头沟通上需要有很强的说服力，FBI的说服力除了表现在证据上，也表现在情感沟通方面，FBI犯罪心理学家约翰·道格拉斯曾经说过："说服力是深入发指的一种灵魂。"这足以说明说服力的重要性，可以说谁掌握了说服力谁就在沟通中占据了上风。有效的说服力主要就是要让对方看到利益所在，并且投其所好，使对方感到亲切，消除心理上的障碍，有效地进行口头沟通。

马休·史密斯在进入FBI之前是一个无所事事的混混，那时候他住在繁华的纽约城东部的贫民区中，那里整天有孩子的哭声、破旧汽车的尾气以及小街小贩的吆喝声，而且黑人街舞表演者充斥着整个街道，抬头望去漫天的电线错综复杂，抢劫、杀人、强奸的案件频频发生。那时候的马休虽然是个混混，但是他内心却有着十分崇高的理想，那就是想要当一名联邦警察。其实，他的内心是充满正义感和同情心的，特别是有一次，在街道上他亲自参与了一件事情，同时也改变了他的一生。

第六章
口头沟通与书面沟通——
FBI认为最原始的就是最高效的

当时，街道办事的人抓住了一名偷窃面包的人，并且进行了公开审理，很多人在围观，马休也在场，然而马休看到的罪犯却是一位年过八旬的老奶奶，人们不敢相信，都在指责这个老奶奶。审理人问老奶奶为什么要偷面包，老奶奶回答说："我需要面包来喂养我那几个饿着肚子的孙子，要知道，他们已经两天没吃到任何东西了……"但是审理人却说："我要依照这个街道的规定办事，你选择是接受罚款5美元还是关在黑屋子里10天？"这时候人们并没有因为老奶奶的遭遇而感到同情，由于她根本拿不出5美元，于是她决定接受关押，但此时马休出现了。马休摘掉自己的绒帽，并且从里面拿出了自己辛苦卖报纸攒了好几个月得来的4美元，然后走向旁边的每一个人，并且说道："先生们，小姐们，现在请在场的每个人都拿出10美分的罚金吧，这是为我们的冷漠所付出的惩罚费，处罚我们生活在一个要老奶奶去偷面包来喂养孙子的城市与贫民区。"这番话令每个听众都十分愧疚，于是每个人都愧疚地拿出了10美分……

这件事情不但拯救了老奶奶，也拯救了马休自己，因为旁边不远处有一个FBI的老牌探员，他把这一幕仔细地记录了下来，他认为马休的那句话非常具有说服力，能够在众人面前用这样简单清晰并且有说服力的话来与人们沟通，并且最终实现了有效的沟通，人们也充分地理解了他，这不正是FBI所需要的全能人才吗！于是马休的命运在一夜之间发生了改变，最终，他成为了FBI最有名的警探之一。

不管是在日常生活中还是在破案过程中，FBI都需要很强的口头沟通，而口头沟通也是他们解决问题的最好方式，只要把握住了口头表达的准确性、清晰性以及强有力的说服力，就可以实现有效的口头沟通，有效的沟通不仅能够节省很多时间和避免很多麻烦，同时也能够提高工作效率，因此，有效的口头沟通是十分必要的。

5
FBI的口头沟通技巧

FBI认为，口头沟通在沟通中偏向于非正式多一些，而且是一种原始且常用的沟通方式，因为它快捷便利的方式赢得了FBI的依赖，但是口头沟通并不只是简单的说话或聊天，更多的是沟通技巧，只有掌握了口头沟通的技巧才可以真正实现沟通的目的。

FBI的口头沟通技巧主要体现在个人方面，个人的眼光以及想法都是很重要的，思想也要面面俱到，包括与周围事物之间的关系或者是结合当事人的心情和心理活动等。因此，FBI认为口头沟通的技巧具体表现在以下几个方面：

(1) 自信

自信是FBI不管在任何时候都必须具备的特质，而在口头沟通方面也是如此。自信可以使一个普通的FBI成员的整体素质和气质得以提升，而且自信的人不会随波逐流，因此，在与人沟通交流的时候就会比别人更具说服力，自然也就能够实现沟通的目的。

雷吉诺德·佩恩曾是FBI的一名侦探，他已经年过半百，但是在圈内却非常有名气，他每次接到的案子给他带来的费用足够他出国环游一阵子，因此，他一直过着殷实的生活并且四处旅游。然而，他却

第六章
口头沟通与书面沟通——
FBI认为最原始的就是最高效的

是一位意大利人,虽然有很多人经常会把他的身份搞混,但他总能与当地民众打成一片。有一次,在去被人们称为"魔幻之岛"的加拉帕戈斯群岛旅行的时候,雷吉诺德遇上了一桩惨案。当时岛上的交通并不是特别发达,距当地警察赶来还有很长一段时间,于是人们就推荐雷吉诺德进行破案。而来岛上旅行的人大都是一些贵族小姐或者太太们,面对雷吉诺德经常敲门询问或者调查,这些人感到非常反感。一次,雷吉诺德敲响了来自英国的亚伯汗伯爵夫人的门,伯爵夫人非常厌恶雷吉诺德,于是她说:"哦,是你吗?雷吉诺德先生,我现在正在睡觉,你不会打扰正在睡觉的女士吧。"此时,雷吉诺德将敲门的手停在了半空中,说道:"当然不会,伯爵夫人,打扰了,您接着睡吧。"然后吹着口哨离开了房门。

然而,在走廊的尽头他又碰上了法国著名影星朱迪小姐,朱迪也非常厌恶雷吉诺德,他们两个正好同时要过这条走廊的转角,此时雷吉诺德很绅士地给朱迪让开了道路,而朱迪则昂首阔步地从雷吉诺德身边走过,并说了句:"有劳你这位美国小人了。"听到这句话,雷吉诺德并没有生气,也没有反击,只是更加自信地说了一句:"噢,不,朱迪小姐,在下是意大利小人。"说完便戴上礼帽优雅地走出了走廊。

可以说,雷吉诺德的这种自信的口吻和态度,有效地实现了口头沟通,自信且带点幽默感更是一个人在沟通过程中值得拥有的态度。其中,雷吉诺德吹着口哨离开也是一种自信的表现,屋内的伯爵夫人一定会听到外面的口哨声,这是雷吉诺德在向伯爵夫人展示自己的自信。当然,在走廊中与朱迪小姐的对话,不但展现了他的自信还体现了他的幽默,这样的沟通使得双方都能够得到很好的放松,从而得到最好的沟通效果。

(2)彼此之间相互信任和坦诚相见

信任是沟通的前提，这句话是众所周知的，而FBI十分注重充满着信任的沟通，他们认为，如果彼此之间不存在信任，那么沟通就没有任何意义，就相当于一种简单的形式，说说笑笑，一带而过，不会产生任何的沟通和理解的效果，因此，有信任的沟通才是良好而有意义的沟通。在口头沟通中要想打开彼此的心门，深入地进行沟通就必须要坦诚交流，这就需要双方要有足够的信任才可以深入沟通，因为信任是连接彼此沟通的桥梁。然而，有的人并不在意这座桥梁，反而利用信任来骗取他人的感情和善良，损害他人的利益，这样就失去了沟通的本意。FBI的外勤工作人员在执行任务的时候，与自己的搭档要有绝对的信任和沟通才可以完成任务，实现目标，而一旦失去了信任，那将会严重威胁到FBI工作人员的生命安全。

(3)体谅他人的行为，真正走入对方内心

走入他人内心的沟通才算得上真正的沟通，FBI认为体谅他人的行为就必须要设身处地为他人考虑，这包括要体谅对方的心理感受和心理需求，只要把握好对方的这些心理特征就能够实现沟通的目的。反过来讲，如果对对方的行为十分体谅并且尊重和了解他，那么对方也会对你有所体谅。

曾担任胡佛时期FBI第三把手的FBI副局长威廉·沙利文在1941年才进入联邦调查局，那年的夏天，他收到了来自联邦调查局局长胡佛的亲笔录用签名信。在进入FBI之前，沙利文在波士顿的国内收入署工作，当时他对那种苦涩无味的工作生活感到了厌倦，并时刻想要请求把他调到其他的部门，但是他的上司一直不同意沙利文的调动请求，这使沙利文感到很苦恼。后来，他的上司之所以同意沙利文考取联邦调查局，其中与沙利文与上司之间的沟通起到的十分重要的作用有相当大的关系。

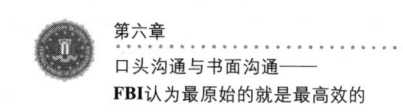

有一次，沙利文无意间从上司的办公桌上发现了很多关于FBI破获大案的新闻报道，后来连续观察了几次，他肯定上司非常崇拜联邦警察，于是他心中有了一些计划。沙利文试着与上司沟通一些关于联邦警察的事情，慢慢地这位上司变得主动起来并向沙利文讲述了很多关于联邦警察的传奇故事，尤其是特工人员的英勇机智。经过几次交谈之后，沙利文发现只要一谈到联邦警察，上司就会神采飞扬，时刻流露出赞美和敬佩之情。后来有一次，沙利文就顺势说出了自己想要去参加FBI的各种考试，这时候不但没有得到上司的反对，反而还很支持他，当时，上司对沙利文说："威廉，如果你去别的政府部门，我绝不会答应的，但是联邦调查局，我太喜爱了，没办法，你去吧，我支持你！"说完拍了拍沙利文的肩，伸出手与沙利文紧握。后来沙利文通过了各项考试审核，正式被FBI录用为联邦调查局特工人员，并且受到了胡佛的高度重视，成为了联邦调查局的第三把手。

可见，沙利文正是通过与上司之间友好的沟通才赢得了去FBI的机会，这说明沙利文紧紧地抓住了对方内心的需求和想法，深刻地体会到了别人的内心世界，这样沟通才可以持续下去并且最终取得成功。

因此，在口头沟通方面掌握一定的技巧是十分有助于沟通的，FBI在多年的经验中深刻地抓住了这几种口头沟通的技巧，所以，FBI不管是在谈判中还是平常的审讯过程中，总能表现出非凡的能力并取得意外的收获。

6
掌握书面沟通技能

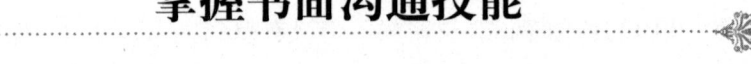

FBI的书面沟通大都属于非常正式的沟通方式，当然也不排除非正式书面沟通方式。而FBI之所以重视书面沟通就是因为它准确性高而且节省时间，还可以长期保存同时也可以取证利用，另外还能复制且传播面广。可以说这种沟通方式是非常方便和合理的。

FBI是美国最高级的情报机构之一，因此，在很多工作中都需要利用书面沟通来完成任务或者实现有效的目的。所以，书面沟通对FBI的每个成员来说都是必修课，他们掌握着世界上最高端的书面沟通技巧，主要体现在以下几个方面：

首先，是引起读者继续读下去的欲望。在很多情况下，FBI适合于口头上沟通的原则也同样适用于书面沟通。其中，主要的技巧就是要明确地表达出自己的意思，找到一个合适的方式表达出来，尽量让读者能够有一种继续读下去的欲望，这样才能够使读者愿意去理解和思考。这就需要平时多注意观察，观察与自己经常接触的人的喜好等，这样在进行书面沟通的时候就有的放矢了。

在二战后期，FBI在情报方面可以说是大展身手。FBI的资深间谍费朗西斯在一次偶然的机会发现了苏联的一名非常有价值的军人，这

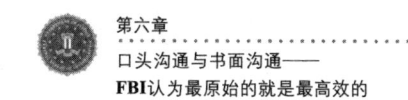

第六章
口头沟通与书面沟通——
FBI认为最原始的就是最高效的

名军人叫做列昂尼德，他在苏联航空部队从事科研工作，因此对苏联最先进的武器设备十分了解，刚开始没有人相信一个苏联军队里面的高级技术人员竟然能够为联邦调查局提供信息，然而，警觉的费朗西斯却相信了，于是，他们开始了大量的书面沟通。费朗西斯在列昂尼德的信中发现，列昂尼德的欲望是钱，因此费昂西斯认为大量的美金一定能够让这位技术人员提供苏联的武器技术。于是费朗西斯在与列昂尼德的第三次书面来往中提出了要先支付对方3000美金的说法，很快列昂尼德便同意了这次交易。

事实证明，费朗西斯的这种预测是对的，后来他们几次书面交往，各取所需，都获得了相应的东西。看来在书面沟通上，能够让对方看到自己想要的利益点才是能够持续沟通下去的前提，挖掘出对方内心强烈的想法，选用合适的语言表达在书面上是十分有效的。

其次，就是要简洁明了。FBI认为，在口头沟通中可以无拘无束地说一些话题以外的事情缓解一下心情和氛围，但是在书面沟通上就不这么自由了。书面沟通主要是把想要表达的思想以文字的形式写在纸上，这难免有些乏味。因此，FBI建议在书面沟通的时候最好简单明了一些，而且最好使用一些比较正式的词语，这样才能让对方一目了然，提高沟通效率。

再次，FBI在进行书面沟通的时候非常注重书面的格式和要表达的主题，但是除了这些，FBI更注重综合性书面沟通人才，其中主要指翻译方面。由于FBI工作的特殊性，尤其是情报部门与各个国家之间都存在不同的联系，为了安全起见，很多事情或情报都只能靠书信来沟通。这样一来，翻译的工作就重要起来了。

另外，FBI在书面沟通的时候会经常把与之沟通的对象放在心上。所谓的放在心上，就是能够在书面沟通的时候体现出自己的真心实意以及对对方的关心，这样就可以拉近双方的距离，增强彼此的理解以便更好地达共识。

　　强尼·皮特曼马上就要接受完FBI所有的训练，很快就要被分配和任职了，但是强尼不知道自己能够被分配到哪里去，运气好的话就会分配到好的部门，运气不好的话就会被安排到行政或后勤。然而，强尼的愿望却是去外勤部，因为强尼是一个冒险主义者，这最符合他的喜好了。后来总算到了分配的日子，幸运的是强尼被分配到了特工组，成为了一名FBI特工。对此强尼感到非常高兴，他想把这件事情尽快地告诉他的女朋友，于是他买了一大束玫瑰花来到了女友的家门前。可是足足等了一个钟头也不见女友出来，最后他很失望地走了。后来，他才得知，女友的母亲反对他们交往，因为女友的爸爸曾经是一名私家侦探，然而却在一次外出行动中不幸遇难，因此女友的母亲不让女儿嫁给一个经常会在外面遇到危险的特工。虽然两人因为这件事情而分手，但是彼此之间依然没有忘记对方。

　　有一次，下起了大雪，强尼在外执行任务，闲余时间又不禁想起了女友，于是他触景生情，回忆起了大学时期与女友一起在雪中嬉戏打闹的甜蜜场景，便不由自主地写了一封长信寄到女友的家中。后来，强尼的女友读完信后心潮澎湃，她毅然决定要与强尼一起生活，于是她极力地说服了母亲，最终幸福地嫁给了强尼，而正是这一封信改变了强尼的爱情和命运。

　　由此可见，书面沟通对FBI非常重要，只要掌握一定的技巧，就能够在社会生活中游刃有余。让我们像FBI一样重视书面沟通，用心交流，拉近彼此的距离吧，相信任何人之间的沟通都会变得非常简单。

第七章

网络性沟通与虚拟性沟通——当面不好说的可以换个沟通媒介

众所周知,FBI是美国司法部的执法机关,而美国又是世界上最发达的国家,其网络科技也处于世界领先地位,因此可以说,美国的网络犯罪以及通过网络渠道为犯罪提供服务的行为是最为多见和频繁的。而这就需要美国的执法机关能够对网络有更多的了解,并且通过网络来进行沟通和收集整理情报,从而更加有效地打击犯罪。

FBI作为最优秀的警察组织,其面临的犯罪形式也是多种多样的,除了传统的刑事案件外,重大的网络犯罪案件也时有发生。所以,FBI必须紧跟时代节奏,成功地锻炼出自身破获和处理这类案件的手段和方法,以其人之道还治其人之身,给予网络罪犯们最为坚决的回击,同时也保证了网络安全。

然而,在处理其他案件时,FBI也同样会积极使用网络作为沟通平台,因为这种信息和证据的传递是最为快速的,非常有利于案件的侦破和审理。FBI认为,在今天以及未来,网络性沟通、虚拟性沟通将会越来越重要,并将逐渐成为他们打击犯罪的最主要的手段和行动方式。

最让人纠结的网络沟通

随着社会的高速发展，信息技术的沟通也犹如登上了太空一样新鲜，然而这也只限于信息技术和网络世界刚刚起步的时候，那时候人们对网络很好奇，而现在，每个人都已经习惯了网络沟通，甚至还会有些许的倦意，正如FBI告诉我们的一样，其实网络沟通很让人纠结。

这是FBI发出的问题吗？是的，FBI的工作人员早已经因为密密麻麻的网络线条而纠结和压抑，虽然网络沟通给他们办案或传递信息带来了巨大的帮助，但是这也依然充满着纠结。最近FBI著名的心理研究机构表明，繁忙的网上交流会破坏他人的情感交流，而且大量电子邮件的阅览和写作会影响人们的理解、对话以及阅读能力。这不禁让人们想到，网络沟通到底是会加强人们的社交和沟通能力还是会扼杀人们的沟通能力。

FBI曾经因为网络沟通的不足而造成过失误和遗憾，那是在"9·11"事件前夕，联邦调查局已经收到了来自恐怖分子的名单，但却没能及时抓获。当时，已经进入高科技时代，恐怖分子已经拥有了大量的高端科技手段和设施，但是负责追踪恐怖分子的这些联邦调查局的探员们却没有一套完整的高速电脑运程，因此没能介入互联网即时获取恐怖分子的信息。当时，关于"9·11"的直接制造者哈立德·迈扎和纳瓦克·哈兹米的情报其实已经很多了，但是由于联邦调查局没有高科技的网络设备，不能及时追踪恐怖分子的行踪，因此FBI错过了很多抓获恐怖分子的机会，更不能及时地了解到恐怖分子的最新动态。

时任联邦调查局的局长弗里曾经说过，他的手下只需要佩戴FBI的徽章和一部高速的笔记本电脑就能够出色地完成任务，然而，这次任务就这样被缺少网络的及时沟通所粉碎了。当时，联邦调查局总共配套电脑不足几千台，其中大部分已经使用五年以上了，可见，当时联邦调查局的电脑竟比不上普通家庭里面的高端配置，这是他们在"9·11"事件中非常重要的一个失误和缺憾。当时，联邦调查局负责情报收集工作的副局长鲍勃·戴斯说："至少在21世纪初，FBI探员们依然不可能像美国公司或家庭一样用上先进的电脑"。这是联邦调查局科技网络硬件的失误，然而在软件上一样存在不足，当时FBI的一些探员的电脑技术都停留在几年以前，因此这也是制造失误的一个重要原因。

通过这件事情可以看出网络信息沟通的重要性，而且在现代社会，网络沟通是不可缺少的一部分，FBI已经清楚地认识到了网络沟通的重要性。随着社会的发展，如今的FBI已经拥有了高科技水平和及时的网络沟通，同时也拥有了专业的科技信息网络人才，但是有关心理专家却又提出了网络的纠结性，这确实是非常"矛盾"的。

在FBI看来，网络沟通虽然能够得到一些当下的新闻信息等，但是频繁的网络沟通也造成了人们的纠结。FBI发现人们现在已经越来越依赖这种网络沟通的方式，这就大大地缩减了很多其他的沟通方式。其实，网络沟通也算是书面沟通的一种特殊形式，然而却大大减少了人们电话交流或者一些其他的口头沟通方式，这样一来就造成了其他沟通方式使用频率的降低，而且FBI还指出，有些时候网络沟通非常无关痛痒，花费同样的时间却得不到相应的沟通效果，这也使很多人纠结在网络沟通中。

FBI承认并且也通过多年的经验表明网络沟通中的优点便是便捷，其他的沟通方式比如电话沟通和面对面的沟通则需要对方接电话或者是出现在自己的面前，而网络沟通不用这样麻烦，即使对方不在，只要快捷地发个电子邮件或者是留言就可以传递到对方那里，这就除去了很多限制。但是，FBI同样也指出了网络沟通不能被引起重视这一问题，有时候一个电话或者登门问候要比网络沟通来得更实际一些。

对此，FBI的相关专家认为，尽管网络上的沟通有便捷且不受干扰和限制等优点，但是网络沟通的不被重视等让人们很是纠结，不知道是否应该继续有效利用，还是应该不断地加强和提高其他方面的沟通，这是令FBI以及所有人都非常纠结的问题。

FBI认为网络沟通的纠结性还表现在经常被人们错用，反而引起了不必要的麻烦。艾德蒙·波曾经是FBI管理服务部的一名组长，在他手下有6名小组成员负责FBI行政和管理工作，这种工作其实在FBI中属于非常乏味和苦涩的，因此小组的成员经常表现得很懒散，且都不按正常时间上下班，即他们早上一上班就忙着给自己冲咖啡，下午不到5点就下班回家。这些都被这个小组长艾德蒙看在眼里，于是他给全体的小组成员都发了一份电子邮件，邮件内容是希望成员每天8点到公司，8点半准时开晨会，下午5点以前不准离开自己的座位。艾德蒙以为这种沟通方式可以换来大家的自觉和共识，可没想到的是，小组的一位成员将这封电子邮件发到了美国政府公开的一个网站上，于是瞬间引起了人们的注意。因为美国人非常反对高压管理的工作制

第七章
网络性沟通与虚拟性沟通——
当面不好说的可以换个沟通媒介

度，而这件事情也很快地传到了FBI管理服务部部长的耳中，网站上的评论他早已经看到了。此时，FBI在人们心中成为了高压管理的典范，这种现象被人们所指责，一时间FBI的整个名声大大受到削减，于是FBI人事部毅然辞掉了艾德蒙。

其实，艾德蒙的这件事情完全可以避免，因为要想让员工们提高工作效率，可以在会上亲自向员工们解释和沟通，不应该错误地去依赖网络沟通，FBI也通过这件事情向人们指出了网络沟通存在的纠结性。

因此，FBI告诉人们，只有根据沟通内容合理地选择恰当的沟通方式才能够取得良好的沟通效果。

2 网络通讯带来的即时沟通

如今，FBI的网络通讯设施已经十分高端和发达了，这就为FBI快速有效地办事提高了效率，因此，网络通讯对FBI来说已经越来越重要，沟通更是离不开网络通讯。

FBI利用网络通讯所拥有的快捷和便利来进行有效的沟通，成为现代FBI工作的一个重要环节，特别是在FBI外勤与内部工作人员的联系和沟通方面，网络通讯是非常好的一种工具和方式。

俗话说距离产生美，如今长时间的分离也并不能使双方之间感到陌生，以前人们只能写信或者是打电话才能与家人、朋友以及同事沟通，而现在，发达的网络通讯能够让人们在远距离的基础上进行即时的沟通，不至于影响到正常的生活和工作。

以前FBI由于经常在外地执行公务，与总部的交流十分麻烦，需要电报或写信，但是现在科技发达，不需要写信或者电报，只需要电话或者互联网就可以进行及时的沟通和交流，这是一种非常便捷的沟通方式。

网络通讯的发展可以让FBI无时无刻地进行沟通，在外执行公务的人可以随时用手机收到来自总部信息资源部发来的最新时政信息和

第七章
网络性沟通与虚拟性沟通——
当面不好说的可以换个沟通媒介

有关犯罪分子的最新行踪，这给FBI的办案提供了很大的便利，同时也说明网络通讯给FBI办案带来了即时的沟通和方便。

FBI在2010年抓获了美国一对因涉嫌向外国出售核机密的夫妇佩德罗·莱昂纳多·马斯凯罗尼和玛乔丽·罗克斯比·马斯凯罗尼，佩罗德和玛乔丽曾在美国一家国家实验室从事核武器的研究工作，这种工作可谓是国家的军事机密，一旦泄露，就会受到严重的惩罚。

美国司法部门表示，这两名核研究的科研人员是受控一名叫做委内瑞拉政府官员的人传递这些美国核武器机密数据并且密谋参与委内瑞拉核武器的研究工作。那么，FBI是如何抓住这两名嫌疑犯的呢？其实，在这其中网络通讯带来的即时沟通起到了重大的作用。

佩罗德与之联系的这名委内瑞拉政府官员其实是FBI的卧底，FBI先前早在暗中秘密对佩罗德进行过调查，发现此人贪图钱财并且与委内瑞拉政府的关系很不一般，于是就有了FBI委内瑞拉政府官员卧底一说。当时，这名假委内瑞拉政府官员在2008年3月份开始与佩罗德进行网络上的秘密接触。那时，佩罗德声称自己将帮助委内瑞拉在10年内造成原子弹，这样重要的信息，这名假委内瑞拉官员立刻用网络系统向总部报告，请求总部的指示，果然很快，总部在很短的时间内就告诉这名卧底继续与佩罗德进行接触，用金钱引诱他上钩，并且FBI总部还与这名卧底建立起了一个安全保障的网络联系站，这样就更便于双方的沟通。

2008年7月，FBI总部通过网络通讯向这位FBI的卧底发出命令，要求他以委内瑞拉军方的名义向佩罗德提出12个有关研制核武器的问题。果然4个月后，佩罗德就将一个装满答案的磁盘交到了FBI卧底的手上，后来FBI并没有直接将这些证据依法处理，而是继续与佩罗德进行接触以挖掘到更加有深度的信息。为了让佩罗德相信，FBI特地为其提供了两万美金当做委内瑞拉政府的感谢金，并且还向佩罗德提出了多个关于核武器的重要问题。这次，FBI的卧底为了更加方便地进行沟通，便主动与佩罗德建立起了一个安全指数高的电子通讯信箱。这样一来佩罗德关于核武器研究的最新信息都会完整地进入这个电子信箱。在2009年6月，佩罗德又从FBI那里得到了一笔相应的钱财，这次FBI没有继续和他玩下去，因为FBI总部通过网络通讯与卧底取得了联系和沟通，对其下达了收手命令。

后来，FBI依法对佩罗德进行了搜查，在他的住宅内查扣他的电脑以及手机等通讯设施，并且进行了监督。尽管这位科学家一再地进行自我辩解，但还是逃不过铁铮铮的证据，因此，在2010年确立了罪行之后便正式被逮捕了并且很可能会受到终生监禁。

通过这个事例说明，FBI在网络通讯中的把握和沟通对其顺利地完成任务具有重要的作用。FBI认为，只有追随时代潮流，用网络信息通讯来进行即时的沟通，才不至于耽误事情，而且网络通讯能够让人们之间的距离拉近，这样就会使沟通更加容易，甚至能够达到无国界、无限制的沟通。

可以说，网络通讯带来的沟通是非常即时的。因为在没有网络通讯之前，任何新闻或消息都会很慢地传播到大家的耳中。而现在网络通讯如此发达，一个消息在瞬间就能够传入大众之耳，因此在沟通上，也就变得十分方便和快捷。尤其对于FBI来说，网络通讯在沟通方面就显得更有意义。

3
FBI邮件沟通的常用技巧

FBI探员们在审理或侦破一宗大案时，也许会调集很多人进行分析取证，而这些专家和权威经常会遇到的问题便是他们不可能总是待在一起，随时随地地进行沟通和交流。有时灵感和想法在一瞬间就能够揭示出重要的线索，蛛丝马迹在很多时候都是偶然间捕获的，FBI办案人员不可能总是事先安排好面对面的情报沟通和交流，此时，远距离的非面对面的沟通也就显得十分必要了，因此，互联网邮件便成为了他们良好的选择。然而，电子邮件又并非百利无弊，在提供便利的同时，与面对面沟通相比，它又存在一些风险和缺陷。在所有的沟通方式中，邮件沟通是最容易出现失误和难以操控的，并且还会被具有恶意的第三方干扰和破坏，例如互联网黑客，而且在沟通和信息传递对象上也可能存在选择错误的现象，因此，FBI所用的网络沟通渠道都是非个人的，是受到严密保护的。并且他们认为，要确保信息传递万无一失，和对的对象达到沟通交流的目的，必要的网络沟通技巧还是需要学习和掌握的，当然，这些技巧对于普通人来说也同样适用。

在邮件的书写以及投递方面，FBI掌握着这样一些常用技巧：

(1)邮件也要遵循正确有效的格式

标题要明确,切勿含混不清。FBI认为邮件的标题很重要,它就像是一篇文章的题目,是文章所要表达的主题意思,让别人一眼便能够看出所言何物,一封邮件的标题是否明确或是言之有物直接影响到接收人对这封邮件所持的态度和重视度,FBI所经手的案件都是极其重要的,因此他们对于邮件标题的拟定也是相当重视的,他们会将邮件的标题写得尽量明确易懂并且具有描述性,在短短的一行字里显示出整封邮件的主旨大意,这样便有助于让信息接收方迅速地了解所表达的内容并更加清晰地记忆,有利于双方沟通的顺利完成。

而FBI在办案的过程中会和许多不同身份的人打交道,并且FBI是一个庞大的机构,即使是自己的同僚也未必全都认识和熟悉。因此,当某一个案件将本不熟悉的双方联系到一起共同执行任务的时候,网络邮件沟通也就需要注意一些事项了,尤其是在给对方发邮件的时候,需要在文章的首要位置称呼对方的名字,这样才能表达自己对对方的尊敬,体现出自己的涵养和礼貌,因为没有人愿意和没有礼貌的人交往和共事。而这样的沟通细节也能够使对方对自己产生一种不错的初期印象,为之后的工作以及未来的合作打下良好的交往基础。

(2)当涉及细节描述且沟通人数过多时,需要以发送邮件来解决

当FBI对于一项工作进行了一段时间,并取得了一定的成果时,他们就需要作阶段性的报告,然后将报告以邮件的形式发送给需要沟通的案件侦查伙伴来交换彼此的意见,这样有助于信息的整理和分享,从而更好地完成任务,因此这种定期的网络沟通是必不可少的。

然而有时候,一些线索和证据是无法用简单的言语就能够表达清楚的,即使是细致的描述也不能够完全展现信息的细节,比如案发地点的照片、证据等,此时,就应该以邮件的形式向沟通方传递信息,

这样才能够将完整准确的信息元素呈现在对方的眼前。

当FBI的沟通方超过两人，甚至涉及第三方或是更多方的时候，面对面沟通交流的难度就大了，毕竟条件与时间有限，而网络邮件沟通的形式就可以很好地达成信息传递的任务，并且可以信息共享有利于头脑风暴的运用。

（3）邮件的发送对象也有讲究

FBI在向沟通方发送邮件的时候同样是有讲究的。在和非本地FBI部门的同事传递案件信息时，他们首先会主动发送一份文件给参与案件的伙伴。除此之外，他们还会再抄送一份给对方的直接上司，这样便体现出自己对其上司的尊重，这也使上司能够更好地了解案情的进展，作出对下属更合理的调配。同时，对于自己的直接上司也是要准时抄送邮件的，因为自己的工作需要及时与上级沟通，而积极主动的报告与陈述案件的进展则更能取得上司的信赖和欣赏。这样无论是伙伴那一方还是自己这一方都能够得到部门上级的大力支持和鼓励，这对案件的侦破和审理非常有帮助。

而如果是作为案件侦破组长的FBI，在通过网络沟通发布任务计划时也要对上对下都考虑到。这时网络邮件的主要抄送人就是自己小组的每个具体成员，同时还需要将计划邮件抄送给自己的直接上级、间接上级，以此扩展沟通的广度，从而做到集思广益，这样一来便有利于计划的更正和完善。在进行跨部门沟通的时候，发送的网络邮件需要注意本部门意见的一致性，要充分进行沟通，确定一个计划后再对外沟通，防止多种不同版本的产生和传播。

当然，多人多级的沟通也并不是一成不变的，需要把握具体情况。当案件调查的沟通信息并不是十分重要而属于普通类别时，FBI只要与案件参与伙伴进行邮件交流就可以了，因为总是将邮件抄送给上级也会给他们造成不必要的麻烦，毕竟他们还有自己负责的更为重要的事情,而如果每事躬亲,事无巨细则只会让他们感觉头昏脑涨,对下属的办事能力也会产生怀疑。

此外,FBI还会非常注意,对于同一个案件的讨论内容他们不会反复多次对所有接收人进行发送沟通,因为这会显得自己啰唆,做事烦琐、不干练是得不到别人的重视的。因此,每次的邮件沟通都需要有不同的侧重点,这样才能让对方感觉到邮件沟通的价值。

同一个案件,对于合作伙伴和上级,其沟通内容必须要做到因人而异。FBI认为,在与同级的伙伴进行邮件沟通时,应该尽量详尽地描述案情的细节,比如被害人的伤口、现场的环境等,这样做有利于对方进行思考和判断,而在对上级进行汇报时,这样细节性的内容就应该尽量避免,力求言简意赅,因为上级的工作是对大方向的把握,而不是具体案件的侦破。

(4)运用虚拟沟通来寻求帮助和支持

FBI虽然是沟通的行家和大师,但他们同样会遇到困难和障碍,特别是这种非面对面的网络和虚拟沟通,在发送邮件时,沟通距离虽然变长了,但是沟通的灵活性却在一定程度上减弱了,有时对于邮件的内容、措辞,发件方会产生疑惑,找不到合适的词汇而又不能及时地解释,这时,FBI就会向上级寻求帮助来获取沟通支持,毕竟上级的经验丰富,可以对其沟通进行良好的指导从而避免错误的发生。

在进行网络虚拟沟通时,办案探员们的意见可能会发生分歧,因此,沟通会受到阻碍。这时换位思考就显得尤为重要。站在对方的角度和立场上去思考问题,用对方的思维路线来分析案情,这样有利于意见的统一,然后再借助于其他的沟通方式进行进一步沟通,就能够成功地解决案件疑点。

当然,FBI们都知道自己的工作职责,属于自己工作范畴的任务是不会让别人去操心的,因此一般性的虚拟沟通是不会麻烦上级帮忙处理的。

(5)邮件内容应图文并茂，只有信息丰富才能说明问题

FBI发送的许多邮件都会带有附件，他们会将这些附件与邮件本身紧密地联系在一起，而在邮件的正文则会对附件进行说明和总结，从而避免了沟通对象需要一一打开才能获悉具体情报的麻烦。

另外，邮件正文的字数也不会太长，FBI会严格要求自己，确保正文内容的条理清晰、精炼易懂。

(6)沟通有效性需要确认和反馈

单种途径的沟通不一定会引起关注和重视，因此，FBI在对于重要案情进行信息传输时，会在邮寄电子邮件后加以其他沟通方式达到提醒的目的。

当发出的重要信息没有接收到对方的回应时，FBI会尝试重复沟通和提醒，不论是因为对方没有重视还是出于其他原因，毕竟案件侦破不是儿戏，多试几次总没有错。

电子邮件形式的网络虚拟沟通看似简单轻巧，可仍然有许多应该注意的地方和技巧，特别是FBI所从事的工作十分重要，关系到万千家庭和社会的健康稳定发展，因此不容懈怠。只有注意和掌握以上邮件沟通的方法，才能使网络虚拟性沟通变得更加轻松而有效，这同样需要我们普通人学习和运用。

4
在IT项目中存在的沟通误区

　　资深的FBI探员们有着多年的团队协作经验，他们能够很好地发挥网络虚拟性沟通的长处，避开虚拟性沟通的不足，这让他们对任务的顺利开展和完成有了更大的把握。但对于年轻新任且没有经验的FBI来说，虚拟性沟通还有很多地方需要他们注意和学习，因为他们往往对虚拟性沟通存在误区。

　　新加入FBI的探员们有一个共同的特点，就是急于表现自己的能力和长处，但因为和部门同事还不熟悉，没有完全融入集体的缘故，他们也不太习惯与其他同事进行网络沟通，这就导致许多问题的产生。当发现一些作案现场的蛛丝马迹后，他们经常会立刻顺着线索深入研究，比如对于指纹的比较、受害者身上的伤口等，但他们并没有将自己掌握的线索通过网络途径快速地与同僚们分享，殊不知，同事们已经知晓了其中的线索，并且因为别人有团结协作的习惯而走在了他们的前面，从而导致他们的自信心受挫，积极性被打击，同时也造成了人力、物力和时间上的浪费。

　　当然，还有少数FBI年轻探员对于工作有着这样的认识，那就是多做少说。这句话虽然很有道理，但也只有被用在正确的地方时才能拥有更大的意义。当上级向这些年轻没有经验的新手们分派任务的时

第七章
网络性沟通与虚拟性沟通——当面不好说的可以换个沟通媒介

候,他们就将自己谨记的信条用在了错误的地方。由于严格遵守多做少说的规则,他们很遗憾地错失了与上司进行沟通的机会,有时他们对于任务的要求没有完全记住或理解,或是对于上级的要求存有异议,又或者他们的能力暂时还不能够达到完成此项任务的标准。虽然有许多的话想要对上级倾诉,但他们就是不去主动沟通,即使连向上司发一封电子邮件详细地阐述一下自己的观点和状况也做不到。结果,当他们向上级交差的时候,虽然自己费了很大的力气才完成,但却并不能使上级满意,就因为两者之间少了那么一封沟通的电子邮件。

另外,也有一些消极对待工作任务的情况。年轻的FBI刚刚进入工作岗位,对于任务的执行有困难,在案件的侦破上也出现了问题和矛盾,但是因为是自己的首次任务,所以不甘心放弃或者是不想要辜负上司的期望,因此不敢且不愿将自己的状况和遇到的问题向上级进行定期有效的网络沟通,这样就使问题越积越多,困难越存越大,最终导致得不偿失。因此,与其消极对待还不如勇敢面对,而运用网络沟通这种非面对面的沟通手段来说明问题最好不过了。

案件侦破最忌讳的一项就是人为臆断、想当然、满怀假设,这样的行为极容易将探员办案的方向带入歧途,不但会拖延破案的时间更会使无辜的人受到牵连。因此,FBI内部对主观臆断案情是绝对禁止的,即使是最年轻的没有经验的FBI探员也知道事情的轻重。而为了把握凶手的心理,FBI会及时与案发地周围的人群以及与受害者有关的人员进行网络情报采集和沟通,通过他们的真实描述来进行罪犯心理侧写,从而向真实的罪犯形象靠拢。可以说,及时的网络沟通是最好的防止主观臆断的方式,它能够纠正且推翻以假设为依据的不正确的决策,从而避免判断的偏向和误会的出现。

但是,网络虚拟性沟通有一个十分明显的弱点,那就是显得有些生硬和不含感情。因为沟通双方实际上根本就没有会面而是面对着冷冰冰的电脑屏幕,因此双方的情感也就没有像面对面那样表达得真切和感染人,之间的感性特质就会被大大地压抑和隐藏。而实际上,情感沟通在人类交往中占非常重要的地位,人们往往会因为情感上的触动而作出一些决定。因此,即使是网络虚拟性沟通,仍然要注意感情因素的应用。

　　FBI探员们的网络沟通力求使沟通对象能够感觉到自己的情谊,用自己的真诚打动对方。在面对知情人时,即使他们相隔千里之外,也会表现出自己的虚心求教并且富有耐心,使别人感觉到他们对于工作的重视。即使在得到情报后,他们也会真诚地向提供线索的人表示感谢,这会使受访人感觉到自己在FBI探员心里的重要性,从而更加配合工作并为未来可能的合作打下坚实的基础。虽然文字本身没有感情,但语言温婉的措辞和谦逊的语气却能够让对方感觉到,因此,一份满含真诚的电子邮件能够很好地与人沟通,从而揭开案件神秘的面纱。当然,FBI在与同僚进行网络沟通时也同样会运用到情感激励,在分享线索的同时也互相鼓励,从而达到团结协作的良好状态,提高工作效率。

　　另外,网络沟通因为沟通距离的不便还会导致沟通目标不甚明确或是干脆偏离了主题,转而争论其他无关紧要的事情,这样不但对本来要解决的事情一点帮助都没有,还可能伤及沟通双方彼此的感情。因此,FBI在进行网络沟通时,都会就事论事,即使双方意见不统一也不会将矛头对准对方的人格,对别人进行人身攻击,因为他们清楚,这样的行为百害而无一利。而一旦产生误会,就更难以解释和弥补了,因此,FBI在运用网络讨论案件的时候会特别谨慎。

　　可见,为了使网络沟通变得更加有效,就需要沟通双方清楚自己沟通的目的、方式以及自己所持的态度等,只有将这些要点把握好,才能进行有意义的网络沟通,而不是坐在自己的屏幕前东拉西扯、唠闲嗑、浪费有限的时间和精力。

5 网络沟通划时代：手机网络电话

FBI们对于案件的侦查经常要在户外进行，同时像罪犯的追踪和抓捕也有很大一部分时间是在户外的移动状态中，而这时想要进行有效的沟通就不是一件容易的事了。也许有人会说用手机沟通，这确实是一种途径，而且随着网络科技的发展，手机与电脑进行了很好的融合，手机的功能越来越强大，从而使视频沟通的愿望变为可能。这样一来，FBI们也因此而获得了更加方便快捷且有效的沟通工具。

如今，手机的体积很小，重量很轻，这样的特点使它十分便于携带，并且与一般手机不同的是，手机网络电话对人与人之间沟通的途径作了扩展，功能更加强大——除了传统意义上的语音通话外，同时还具备了可视影像的技术条件。FBI们在与同伴进行移动沟通时，不仅可以用耳朵听还可以用眼睛看，可以通过视觉捕捉到语音无法传达的信息，例如同事的肢体动作、表情、现场的环境状况，甚至是罪犯的体态和相貌等，通过这些增加的庞大的信息量为FBI的行动方向作了很大程度的引导，帮助他们向真相和成功一步步迈进，直到完成任务。不仅如此，拥有网络手机的FBI还能够同时与总部保持联系。也就是说，外出的FBI可以随时将自己获得的情报报告给总部以及上级领导，而总部通过对分派出去的FBI收集得到的信息进行整合分析，再对分散在外的探员们进行进一步的指挥调度，这样就可以一直保证人力资源的有效配置，同时也防止了指挥不力、被误导的情况出现。

可以说，手机网络电话沟通具有划时代的意义。FBI得益于它的多样性沟通的功能，明显地提高了工作效率，因为手机也能进行网络视频通话，所以，FBI身上的重担和压力减轻了不少，他们不用再为情报的无法准确传达和整合而感到郁闷和苦恼。而有了手机网络电话，探员们之间的沟通就像面对面一样，这种沟通方式是最为有效和轻松的。虽然手机网络营造的这种面对面是虚拟性的，但其沟通效果很明显，只要是FBI们想要向对方传达的都能够快速地传递并被对方理解。因此可以说，有效沟通的发展不仅得益于沟通技巧的学习与锻炼，同时科学技术的支持也是必不可少的——优秀的科技能够改变人们的生活，对于人们的沟通起到巨大的推动作用。

也许在不久的将来，沟通工具将会变得更加发达，而沟通形式也会更为直观。届时网络沟通技术会变得更加成熟，未来的远距离沟通仍会向"面对面"的沟通方式发展，它也将会更加真实化，例如，沟通双方所看到的对方影像将会变为三维立体投影，即人们不只是看到对方的样子，而是对方就好像活生生地站在自己面前一样。相信，这样的技术实现不会十分遥远，一些发达国家的研究已初具规模，而作为美国最重要部门的FBI，肯定也将会最早地配备这种技术，这样，他们对于案情的了解将会变得更加迅速和准确。

6
FBI如何让虚拟世界更安全

互联网的迅速发展使网络世界逐渐成为了一个独立于现实世界之外的虚拟空间，在这样广阔的交流平台上，一些违反社会秩序，触犯法律的犯罪举动也逐渐滋生，这大大威胁到网络世界的安全，甚至对现实世界也产生了恶劣的影响。如今网络犯罪现象越发频繁，危害也越来越大，FBI们为了维持社会秩序，不得不对这种非常规的犯罪行为实施严厉的打击，他们同样以网络作为沟通媒介，对网络罪犯们以牙还牙。

网络犯罪的形式多种多样，主要类型有黑客攻击、有害信息、网络病毒传播以及网上诈骗等。其中，黑客攻击和网络病毒传播的危害性质最大。因此，FBI联邦调查局打击网络犯罪主要就是针对这两项，除此之外还有一些特大规模的网上诈骗，它们已经对美国公民产生了很大的危害，FBI也可能插手。FBI打击这些重大犯罪的手段同样是通过网络虚拟性沟通来收集情报信息的，并逐渐对犯罪人员的真实社会身份加以甄别，最后实施抓捕。这样那些认为网络是犯罪的天堂的罪犯们便无处可逃了。在FBI看来，网络沟通在打击网络犯罪方面有着重要的意义和作用，有许多大案、要案就是运用这种形式破获的。

一个十八岁的新西兰少年组建了一个网络犯罪团伙，他们利用"僵尸网络"病毒入侵了美国、荷兰等多国的电脑网络，成功窃取了许多人的银行卡密码，并且操控股票交易，甚至破坏企业电脑系统等，这样大的犯罪行为使各国蒙受了总价值约两千五百万美元的损失，美国联邦调查局不得不对此案进行侦破调查。因为网络覆盖面涉及全球，所以搜索范围实在是太过广阔，要找到实施犯罪的黑客无异于大海捞针。不过FBI探员们并没有气馁，他们同样也会运用网络沟通的手段，即他们与多国警察联合起来，用网络的力量共同对整个世界进行了一番大调查。

2006年2月，美国宾夕法尼亚大学工程学院服务器意外瘫痪，调查原因是下载请求骤然增加，仅仅是因为一个学生的电脑下载达到了七万次，这种十分不正常的现象引起了FBI的极大怀疑。于是，他们立刻通过网络对这次事件实施追踪并逐级搜查线索。后来，经过多方调查和网上取证，他们发现这次案件的主谋与袭击多国一百三十多万台电脑的案件有关。于是他们顺藤摸瓜，顺利地在网络上找到了两个涉案的计算机代码，其中一个来自于美国，另外一个则来自于新西兰。对此，FBI立刻对美国的罪犯实施了抓捕，之后，又通过网络沟通联系新西兰警方，请求对方予以联手，对方欣然同意。从6月开始，网络调查一直持续到11月底，FBI广泛使用网络沟通手段，多方寻找线索，最终将目光锁定在新西兰一个十八岁少年身上。11月30日，FBI及新西兰警方突袭到罪犯家中，成功将网名为"头号杀手"的少年逮捕，并没收了他的数台电脑作为证据。在此之前，FBI已经抓获了多名在美国活动的犯罪组织成员，并用网络发布了十三张全球通缉令。至此，这个庞大的网络犯罪组织的主犯已被抓获，FBI获得了阶段性的胜利。

通过上述事件就可以看出网络性沟通的重要性及其强大的力量，

第七章
网络性沟通与虚拟性沟通——
当面不好说的可以换个沟通媒介

FBI们合理地借用了这样一股力量取得了战斗的胜利。其中，网络性沟通的重要性主要表现为以下几点：首先，因为是网络犯罪，所以范围性很广，罪犯所在地域的可能性已经扩展到全球，这么大的搜索范围，如果不借助网络的力量，不通过网络沟通与世界其他国家警方进行广泛交流，仅靠FBI一己之力是根本无法解决困难的。另外，在得知罪犯身处他国之时，FBI们就必须要考虑跨国犯罪的问题，如果没有网络的手段，FBI也不会得到新西兰警方的支持，不可能从新西兰方面接收到罪犯的任何有效信息，而调查行动也会止步不前。最后，在实施抓捕的时候，就需要FBI与新西兰警方统一行动，协调合作。其实，这一切的任务行动从始至终都离不开网络沟通，也只有网络能够提供FBI这样长距离与广范围的援助。可见，网络沟通的重要性及其威力之大。因此，FBI建立了自己的网络团队并将自己的行动力与网络相结合，从而无往不胜，维护了网络世界的安全运行。

事实上，FBI拥有着多种多样的沟通手段和技巧，而网络沟通作为其中的一项，却被他们视为杀手锏，因为网络带来的海量信息丰富了他们的线索来源，增加了知识，武装了头脑，也更加便捷地搭建了彼此沟通交流的平台，从而使他们更有把握地完成任务。就连FBI自己也不得不承认，网络虚拟性沟通就像他们的左右手，同时也是他们最有力的武器。利用它们能够有效地打击犯罪，让罪犯们胆寒，从而使FBI在美国民众的心中树立起自身的威望和高大形象，并保证了社会的和平稳定发展以及人民的人身安全。

参考书目

[1] 刘墉．说话的魅力：刘墉沟通秘笈．南宁：接力出版社，2009．

[2] 卢森堡．非暴力沟通．阮胤华，译．北京：华夏出版社，2009．

[3] 戴尔·卡内基．卡内基沟通与人际关系．北京：中信出版社，2008．

[4] 麦肯．720°全景沟通．灵思泉，蒋亮智，译．北京：京华出版社，2010．

[5] 基恩·泽拉慈尼．用演示说话——麦肯锡商务沟通完全手册．马振啥，马洪德，译．北京：清华大学出版社，2011．

[6] 内藤谊人．瞬间搞定对方的谈话术——日本销售谈判人员人手一册的沟通圣经．盛凯，译．海口：南方出版社，2010．

[7] 阿德勒，普罗科特．沟通的艺术：看入人里，看出人外．黄素菲，译．北京：世界图书出版公司，2010．

[8] 卡耐基．卡耐基沟通的艺术．刘祐，编译．北京：中国城市出版社，2007．

[9] 刘墉，刘轩．创造双赢的沟通．北京：文化艺术出版社，2011．

[10] 戴尔·卡内基．成功有效的团体沟通．詹丽茹，译．北京：中信出版社，2008．

[11] 费希尔，布朗．沟通力．王燕，译．北京：中信出版社，2009．

[12] 泽拉兹尼．用图表说话：麦肯锡商务沟通完全工具箱．马晓路，马洪德，译．北京：清华大学出版社，2008．

[13] 卡耐基．有效沟通的艺术．曹景龙，译．北京：北京理工大学出版社，2010．

[14] 刘墉．创造双赢的沟通．北京：文化艺术出版社，2010．

[15] 卡耐基. 有效沟通的艺术. 刘双, 译. 天津: 天津社会科学院出版社, 2009.

[16] 欧嘉瑞. 人际沟通分析——TA治疗的理论与实务. 黄珮英, 译. 成都: 四川大学出版社, 2006.

[17] 卢尼昂. 沟通的力量. 罗汉, 陈其善, 喻国平, 译. 上海: 格致出版社, 2010.

[18] 米尔顿·赖特. 倾听和让人倾听: 人际交往中的有效沟通心理学. 周智文, 译. 北京: 新世界出版社, 2009.

[19] 纳瓦罗, 波茵特. FBI教你破解身体语言. 于乐, 译. 北京: 中华工商联合出版社, 2010.

[20] 乔·纳瓦罗, 马文·卡尔林斯. FBI教你破解身体语言. 王丽, 译. 长春: 吉林文史出版社, 2009.

[21] 胡宝林. FBI教你破解身体语言. 北京: 中国华侨出版社, 2011.

[22] 狄米曲斯, 马扎瑞拉. 读人. 张芃, 译. 天津: 天津教育出版社, 2009.

[23] 唐·加博尔. 5分钟和陌生人成为朋友. 灵思泉, 韩俊燕, 译. 北京: 京华出版社, 2007.

[24] 费克萨斯. 读心术. 冯杨, 译. 太原: 山西人民出版社, 2010.

[25] 德蕾丝·博洽德. 读心术2: 口袋里的心理治疗师. 冯扬, 译. 太原: 山西人民出版社, 2011.

[26] 杰罗姆. 爱因斯坦档案: 美国联邦调查局对世界最知名科学家的秘密监控. 席玉苹, 译. 桂林: 广西师范大学出版社, 2011.

[27] 霍尔登. 成为美国联邦调查局特工. 蒋平, 译. 南京: 译林出版社, 2009.

[28] 亚诺. FBI美国联邦调查局全传——联邦警察的罪与罚. 南京: 凤凰出版社, 2010.

[29] 赛琳杰. 美国FBI重案实录. 杨凯, 隆民庚, 译. 南昌: 江西高校出版社, 2010.

[30] 弗里. 我的FBI生涯. 姚敏, 译. 北京: 社会科学文献出版社, 2010.

[31] 马克·郭士顿. 只需倾听. 苏西, 译. 重庆: 重庆出版社, 2010.

[32] 李柏曼. 看谁在说谎. 项慧龄, 译. 重庆: 重庆出版社, 2007.

[33] 李柏曼. 你能掌控任何人. 杨琨, 译. 北京: 金城出版社, 2010.

[34] 戴维·迈尔斯. 迈尔斯心理学. 黄希庭, 等译. 北京: 人民邮电出版社, 2011.

[35] 克里斯腾森. 心理学研究方法. 北京: 北京大学出版社, 2005.

[36] 戴维·迈尔斯. 社会心理学. 北京: 人民邮电出版社, 2006.

[37] 格里格·津巴多. 心理学与生活. 王垒, 王甦, 等译. 北京: 人民邮电出版社, 2003.

[38] 博克. 拖延心理学. 蒋永强, 陆正芳, 译. 北京: 中国人民大学出版社, 2009.

[39] 库恩, 等. 心理学导论. 郑钢, 等译. 北京: 中国轻工业出版社, 2007.

[40] 津巴多. 津巴多普通心理学. 王佳艺, 译. 北京: 中国人民大学出版社, 2008.

[41] 桦旦纯. 瞬间洞悉人心. 常兆, 译. 北京: 科学出版社, 2009.

[42] 尼尔伦伯格, 等. 白宫智囊的读心术. 龙淑珍, 译. 北京: 新世界出版社, 2011.

[43] 斯滕伯格. 认知心理学. 杨炳钧, 等译. 北京: 中国轻工业出版社, 2006.

[44] 普尔普拉. 警察与社区. 杨新华, 译. 北京: 中国人民公安大学出版社, 2009.

[45] 费尔特．特工人生"深喉"回忆录．信强，白璐，程涛，译．北京：新星出版社，2007．

[46] 徐耀武．读心术．北京：机械工业出版社，2010．

[47] 博格．身体语言：教你超强读心术．林伊玫，译．重庆：重庆出版社，2010．

[48] 内藤谊人．心理读心术．韩露，译．海口：南海出版社，2010．

[49] 彬子．身体语言读心术．哈尔滨：哈尔滨出版社，2010．

[50] 罗伯特·K.雷斯勒，汤姆·夏希特曼．FBI心理分析术：我在FBI的20年．南京：江苏文艺出版社，2011．

[51] 哈特莱．不说我也知道你想干什么：察行观色三秒钟洞悉对方心理．田东宇，译．北京：京华出版社，2008．

[52] 皮斯，等．身体语言密码．王甜甜，黄佼，译．北京：中国城市出版社，2007．